2008 북경 올림픽 양궁 국가대표.

박성현

2008 북경 올림픽 양궁 국가대표

여자국가 윤옥희

2008 북경 올림픽 0양궁 국가대표.

임동현

전 인우
남자코치.

남자감독
장 영술

박경모

서거원

2008 북경 올림픽 양궁선수

여자 양궁 Coach.

이 창 환

2008 북경 올림픽 양궁대표팀

박성수

여자감독
문형철

2008 북경 올림픽 양궁 국가대표

주현정

따뜻한 독종

세계 양궁 1등을 지킨 서거원의 승부 전략

따뜻한 독종

초판 1쇄 발행 2008년 9월 9일 **초판 24쇄 발행** 2022년 8월 17일

지은이 서거원
펴낸이 이승현

편집2 본부장 박태근
MD독자 팀장 최연진

펴낸곳 ㈜위즈덤하우스 **출판등록** 2000년 5월 23일 제13-1071호
주소 서울특별시 마포구 양화로 19 합정오피스빌딩 17층
전화 02) 2179-5600 **홈페이지** www.wisdomhouse.co.kr

ⓒ 서거원, 2008

IISBN 978-89-6086-129-9 03320

* 이 책의 전부 또는 일부 내용을 재사용하려면 반드시 사전에 저작권자와
  ㈜위즈덤하우스의 동의를 받아야 합니다.
* 인쇄·제작 및 유통상의 파본 도서는 구입하신 서점에서 바꿔드립니다.
* 책값은 뒤표지에 있습니다.

따뜻한 독종

세계 양궁 1등을 지킨 서거원의 승부 전략

| 서거원 지음 |

위즈덤하우스

| 프롤로그 |

지독한 열정, 한국 양궁을 이끈 경영 해법

"이번 올림픽에서는 몇 개의 금메달을 딸 것이라고 예상하십니까?"

"한국 양궁, 이번에는 전 종목 석권인가요?"

2008년 베이징 올림픽이 시작되기 며칠 전 어느 화창한 날, 태릉선수촌의 양궁장은 기자들과 카메라들로 북적거렸다. 기대감에 가득 찬 질문 공세 앞에서 선수들 못지않게 만감이 교차했다. 한두 번 치러 본 것도 아니건만 올림픽을 앞둘 때마다 무거운 부담감과 긴장감이 어깨를 짓누른다.

그 순간 내 눈에 들어온 것은 선수들의 눈빛이었다. 4년간의 부단한 훈련을 거쳐 이 자리에 서서 곧 다가올 올림픽을 향해 활시위를 당기고 있는 그들에게서 흔들림 없는 의지력을 보았다. 그것은 나 자신의 거울과도 같은 모습이자, 한국 양궁의 자랑스러운 오늘을 보여 주는 얼굴이었다.

"한국 양궁의 저력은 무엇입니까? 우리 민족이 동이족이기 때문인가요?"
"대체 어떻게 해서 25년 동안 세계 정상에 설 수 있었습니까?"

기업체에 강연을 나갈 때마다 회사 임원들과 경영 전문가들은 이런 질문을 던지곤 한다. 이럴 때 역시 만감이 교차한다. 선수들과 지도자들이 흘려온 땀방울, 그리고 한국 양궁 지도자들이 국내외에서 펼치고 있는 리더십에 대한 이야기는 한두 마디의 설명으로는 부족하기 때문이다.

나는 경영인도 아니고 리더십 전문가도 아니다. 다만 대한민국 양궁인의 한 사람이다. 그래서 불과 40년이라는 짧은 역사를 가진 한국 양궁이, 양궁 종주국도 아닌 우리나라가 어떻게 해서 전 세계 양궁계를 리드하고 있는지를, 어떻게 해서 국내 스포츠 종목 중 훈련 프로그램과 기본 사법 등 모든 것들이 한국화되어 역수출되는 유일한 종목이 되었는지를, 왜 외국의 스포츠 전문가들이 한국의 양궁 지도자들을 보고 "숨이 막힐 정도다."라며 혀를 내두르는지에 대해서만큼은 한국 양궁 역사의 산 증인으로서 이야기할 수 있을 것이라는 생각이 들었다.

30년 양궁 인생을 걸어오는 동안 때로는 "지독하다." "독종이다."라는 소리도 듣곤 했다. '훈련 독종', '독종 감독'으로 불렸지만 내 가슴속에는 한국 양궁에 대한 열정이라는 커다란 용광로가 있다. 갈등의 나날들도 있었고 힘도 들었지만 열정이라는 큰 그릇만큼은 잠시도 식지 않았다. 그렇기에 함께 고생한 선수들이 금메달을 들고 단상 위에서 활짝 웃던 가장 빛나는 영광의 순간도, 도저히 일어설 수 없을 것 같았던 좌절의 순간도 내게는 모두가 소중했다.

오늘도 묵묵히 땀 흘리며 활시위를 당기는 대한민국의 양궁 선수들과 우리 양궁계를 이끌어 온 지도자들에게 끝없는 갈채를 보낸다. 그리고 오늘의 나를 있게 해 준 내 인생 최고의 참모이자 나를 이끌어 준 가장 훌륭한 리더인 나의 아내에게 무한한 감사와 사랑을 바친다.

* 평소에 독서를 즐기다 보니, 책을 읽다 인상 깊은 구절들을 수시로 노트에 메모해 두고, 순간적으로 떠오른 생각을 덧붙이는 습관이 있다. 그런데 이 책을 집필하면서 평소 내가 다른 사람들에게 들려주곤 하던 좋은 구절들을 독자들에게 알려주기 위해, 그동안 정리해 둔 독서 노트를 뒤져 보니 어떤 책에서 인용한 글인지 일일이 적어 놓지 않은 것들도 있었다. 본문 중에 간혹 인용구의 출처를 밝히지 못한 부분이 있더라도 양해를 부탁드린다. 그런 것들은 '서거원의 독서 노트에서'라고 표시해 두었다.

| 차례 |

프롤로그 _ 지독한 열정, 한국 양궁을 이끈 경영 해법 • 004

 1부 한국 양궁, 세계 정상의 초일류 히트 상품

질기게 덤비는 놈에게는 못 이긴다 • 012
10년 후의 변화까지 예측하라 • 025
발상을 전환하면 못 넘을 산도 넘는다 • 032
과학으로 분석하고 심리학으로 파악하라 • 041
아무도 생각하지 못한 것을 파고들어라 • 054
원칙의 기본은 '원칙'이다 • 071
실패를 두려워하면 내일은 없다 • 078
아는 것이 최고의 역량이다 • 089

2부 한 발의 냉정, 천 발의 열정

열정은 개발 가능한 후천성이다 • 098

열정과 성적의 놀라운 함수관계 • 109

나만의 '최고 수행 능력'을 이끌어 내라 • 114

나를 죽이지 못하는 고통은
나를 더욱 강하게 만들 뿐이다 • 125

3부 조직관리의 해법, '서 칼' 리더십

침묵을 가장한 관찰의 리더십 • 136

마음을 장악하는 대화의 리더십 • 146

끝까지 손 잡아 주는 기다림의 리더십 • 154

훈련할 때만큼은 독해진다, 독종 리더십 • 161

팔로워십을 유도하는 솔선수범 리더십 • 173

폭풍우 속을 항해하는 선장 리더십 • 180

헌신하고 다독이는 치유의 리더십 • 190

신뢰를 바탕으로 한 인정人情의 리더십 • 198

리더의 카리스마는 천의 얼굴이다 • 205

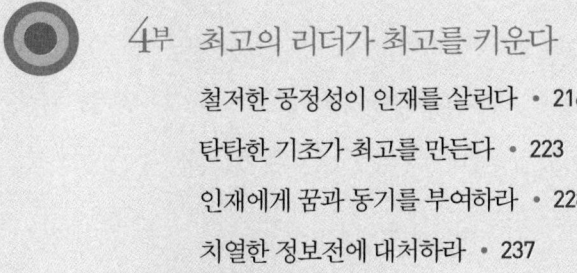

4부 최고의 리더가 최고를 키운다

철저한 공정성이 인재를 살린다 • 216

탄탄한 기초가 최고를 만든다 • 223

인재에게 꿈과 동기를 부여하라 • 228

치열한 정보전에 대처하라 • 237

차세대 인재 양성에 매진하라 • 243

에필로그 _ 활을 내려놓는 순간, 목표는 다음 경기다 • 248

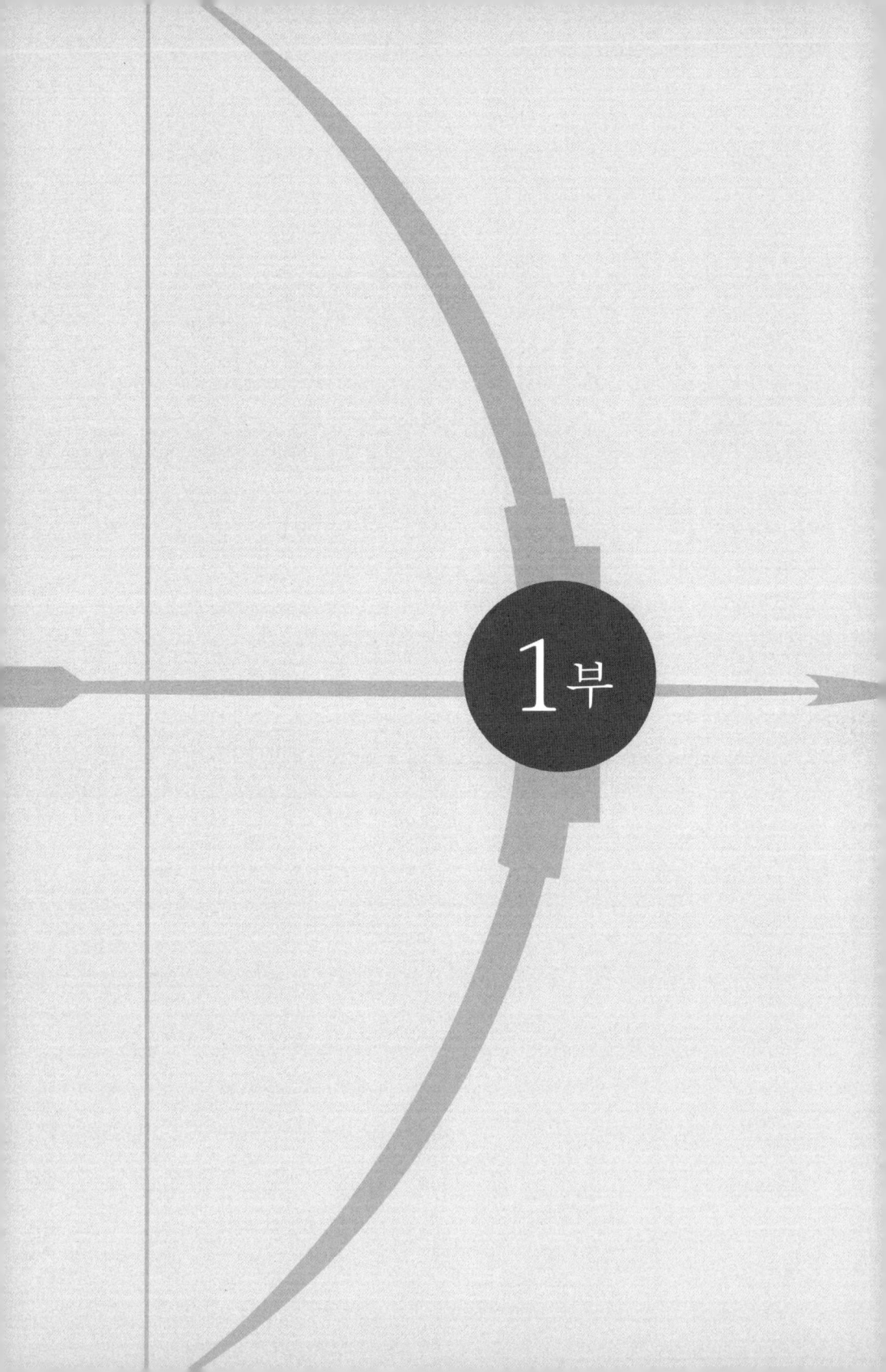

한국 양궁,
세계 정상의 초일류 히트 상품

질기게 덤비는 놈에게는
못 이긴다

∙
∙

일류 장군과 이류 장군을 가르는 것은 그들의 전략이나 책략이 아니라 그들의 비전이다. 일류 장군은 똑같은 문제를 다른 시각에서 볼 줄 안다.
_ 로버트 그린, 『전쟁의 기술』

선수도 세계 최고, 활도 세계 최고

"어이쿠, 감독님! 안녕하셨어요? 이게 얼마 만인지요!"
"감독님, 저도 인사드립니다! 그동안 건강하셨지요?"
"감독님, 안녕하세요? 모두들 평안하시지요?"

유럽의 한 대도시에서 개최된 세계양궁선수권대회 경기장. 해외 경기나 전지훈련을 나갈 때마다 으레 그렇듯이 나를 향해 반갑게 인사하는 얼굴들이 있다. 머나먼 이국 땅에서 같은 한국 사람을 만나는 것만큼 기쁜 일도 없겠지만 다들 나의 후배이자 제자이며 한때 한국 선수로 활약했던 이들이기에 그 반가움이란 이루 표현할 수가 없을 정도다. 외국 선수들은 신기하다는 표정으로 우리를 흘깃거리며 지나간다.

그러나 반가운 표정으로 인사를 나누는 선후배들 간에 외국 선수들은 짐작하지 못하는 미묘한 눈빛들이 교차된다. 과거에는 한국 선수들이었지만 이제는 전 세계 각국 양궁 국가대표팀 지도자들이기 때문이다. 예전에는 한 배를 타고 함께 땀 흘렸던 선후배요 동료였지만 지금은 서로 경쟁국 리더의 입장이 되었으니, 이렇게 해외에서 만나도 반가운 마음속에 견제 심리가 있을 수밖에. 2008년 현재 무려 28개국에 한국인 양궁 지도자들이 진출해 있는 실정이니, 세계 양궁 판도를 사실상 한국이 리드하고 있다 해도 과언이 아닐 것이다.

각국 한국인 지도자들의 가장 큰 견제 대상은 바로 자신들의 후배인 한국 선수들이다. 2007년 독일 라이프치히에서 열렸던 세계양궁선수권대회만 보아도 총 89개국에서 온 1,000여 명의 양궁 선수들이 128강부터 결승까지 이르는 치열한 경기를 치렀는데, 당시 한국은 남녀 단체 동반 우승이라는 훌륭한 성적을 거두었다.

그런데 지도자들과 선수들의 역량 말고도 한국 양궁이 세계 최정상임을 보여 주는 또 다른 물증이 있으니, 이는 바로 활이다. 전 세계 톱클래스 선수들이라 할 수 있는 16강 진출 선수들이 하나같이 '메이드 인 코리아'가 선명히 찍힌 한국산 활을 사용하고 있다.

이처럼 선수들의 실력에 있어서, 세계무대로 진출한 지도자들의 글로벌 역량에 있어서, 그리고 한국 양궁 장비의 세계화에 있어 한국 양궁은 명실상부한 초일류 히트 상품이다. 하드웨어에서나 소프트웨어에서나 세계를 주름잡고 있다.

그러나 불과 10여 년 전, 즉 1990년대 중반까지만 하더라도 외국 일류 궁사들의 손에 한국산 활이 들릴 줄은 아무도 상상하지 못했다. 심지어 우리가 국산 활을 들고 대회에 나간다고 하면 모두들 "미쳤다."고 말할 정도였다.

10년 사이에 우리 양궁계에서 무슨 일이 벌어진 것일까?

미제·일제 활이 판치던 시절

"한국 양궁 추락!"
"한국 양궁 빨간 불!"
"주먹구구식 훈련에 구닥다리 장비, 지도자의 무능력!"
"예견된 실패!"
1996년 미국 애틀랜타 올림픽이 끝난 직후, 각 언론의 스포츠

1면에 앞 다투어 실렸던 헤드라인들이다. 여자팀에서 금메달 2개, 남자팀에서 단체전 은메달, 개인전 동메달이라는 성적을 거두었지만 태평양을 건너 귀국한 선수들과 지도자들, 특히 남자 양궁팀을 맞아준 건 날카로운 비난의 목소리뿐이었다. 지도자들은 모두 고개를 숙이고 입을 굳게 다물었다.

이미 한국 양궁은 세계 정상의 궤도에 올라 있었기에, 따낸 금메달보다는 못 따낸 금메달에 따가운 시선이 집중되는 게 당연했다. 그러나 지도자들은 그동안 우려하고 있던 문제가 현실로 드러났다는 점을 더욱 통감했다. 그것은 바로 장비 문제였다.

1990년대 중반까지만 해도 우리나라 양궁 선수들은 전적으로 외제 활에 의존했다. 남자 선수들은 주로 미국 제품, 여자 선수들은 일본 제품을 사용했다. 당시 세계 활 시장의 판도가 그랬다. 국내에서는 전문가용 활이 전혀 생산되지 않았다.

당연히 양궁 선수들의 가장 커다란 고충 중 하나는 바로 장비 문제였다. 선수 생활을 하려면 활부터 사야 하는데 수입산 활은 매우 고가였다. 외국산 양궁 장비가 너무 비싸서 장비 때문에 훈련을 중도에 포기하는 선수들이 적지 않았다. 또한 외국에서 새로 개발된 신형 장비, 특히 남자 선수들이 많이 쓰는 미국 제품의 경우에는 신제품을 구할 수 있는 판로가 거의 차단되다시피 해 구하기가 너무 어려웠다.

이런 열악한 상황은 1996년 미국 애틀랜타 올림픽 때까지도 양궁 선수들의 최대 난제로 이어졌다. 장비의 불리함을 커버하기 위해 훈련 양을 대폭 늘려 최선의 대비를 하는 수밖에 없었다.

여자팀은 금메달 2개를 따는 데 성공했지만, 문제는 남자팀이었다. 공교롭게도 남자팀이 단체전 결승에서 맞부딪힌 나라가 바로 미국이었는데, 미국 선수들이 들고 있는 최신형 활은 육안으로 보기에도 우리가 쓰는 활과는 달랐다. 선수들이 시합장에 들어서서 미국 선수들이 들고 있는 장비를 보고 주눅이 들 정도였다. 결국 장비의 현저한 차이, 상대방 홈그라운드의 이점 등 여러 요인으로 인해 미국에 금메달을 내주고 말았다.

국산 활로 쏘라고요?

"우리도 활을 한번 제작해 보자."
"외제 활 못지않은 순 한국산 활을 우리 손으로 만들어 보자!"

애틀랜타 올림픽 이후, 언제까지나 우리가 지금처럼 장비 때문에 고통스러워해서는 안 되겠다는 분위기가 양궁계 전반에 걸쳐 조성되었다. 이 난관을 극복하지 못하면 세계 정상에 도달하지도 유지하지도 못할 거라는 자각이었다. 변화에 대한 공감대가 형성

되었다.

대한양궁협회 핵심 인사들과 각 시도의 지도자들이 모여 토론 끝에 결론을 냈다. 우선 초등학교와 중학교 양궁 선수들이 외제 활을 사용하지 못하도록 규정을 바꾸어 장비에 대한 제한을 하기 시작했다. 그러자 전국 주니어 양궁 선수들의 학부모들에게서 불만이 터져 나왔다.

"외제 활을 사용하지 못하게 하면 무엇으로 시합을 하란 말인가요?"

당시 우리나라에 경기용 활을 만드는 회사는 전무했다. 장난감 수준의 활을 만드는 회사가 3군데 정도 있었다. 대형 공장을 갖춘 큰 회사도 아니었다. 직원들 대여섯 명쯤 데리고 가내수공업 형태로 작업을 하는 회사에 불과했다. 장난감 활 한 대당 2달러 90센트, 3달러 10센트. 이런 식으로 만들어서 한 박스씩 외국으로 수출하는 소규모 공장이었다. 그러니 사람들이 반신반의할 수밖에.

"설마 그런 걸 가지고 시합을 하자는 것은 아니겠지요?"

나는 이렇게 응수했다.

"맞습니다. 장난감 활도 조금 튼튼한 걸로 쏘면 30미터는 날아갑니다."

초등학교 선수들이 활을 쏘는 거리는 20미터와 30미터, 두 가지가 있었다. 그런데 장난감 활로 시켜 보니 의외로 박진감 있고 재미있는 경기가 진행되는 게 아닌가! 왜냐하면 첫째, 불완전한 장비이다 보니 누가 1등을 할지 예측불허였다. 둘째, 그런 상황인데도 기록을 집계해 보면 어쨌든 순위가 나오고 실력이 드러났다.

그런데 모두가 반대하는 불완전한 국산 활로 시합을 하다 보니 새로운 현상이 나타나기 시작했다. 사람들이 투자를 하기 시작한 것이다.

양궁 감독이 공장에 붙어산 이유

변화에는 고통이 따랐다. 많은 사람들이 국산 활 제작에 반대부터 하고 나섰다.

"정교한 외제 양궁 활을 어떻게 우리 기술로 만들어 낼 수 있겠느냐?"

"순한국산 활이라니 어불성설이다."

"현실적으로 말도 안 된다!"

설령 많은 예산을 투입해 제품 개발을 하더라도 판매망에서 도저히 외국 제품을 따라갈 수는 없지 않느냐고들 했다. '계란으로 바위치기'라는 것이다. 포기해야 한다는 인식이 처음부터 깔려 있었다. 활 제작 회사의 의심과 반대도 만만찮았다.

"감독님, 제정신으로 하는 소립니까? 이미 일제, 미제 활이 판치는데 국산 활을 어떻게 보급시킨단 말입니까?"

나는 고개를 젓는 사장을 설득했다.

"아닙니다. 우리가 만든 활을 우리 선수가 쓰면 메리트가 있습니다. 제가 보장합니다."

초등학교, 중학교 양궁 선수들의 활부터 국산으로 제한한 게 바로 이런 이유였다. 우리가 아무리 엄청난 돈을 들여 활을 개발해도 판로가 여의치 않으면 무조건 망하는 거다, 이렇게 생각했기 때문이었다.

장비 개발보다 힘들었던 것은 사람들의 인식을 전환시키는 문제였다. 몇 개 팀에서 인식 전환을 위해 과감하게 나섰다. 이제까지 써 왔던 외국산 활과는 비교도 안 되게 열악한 국산 활을 우리부터 쓰자고 한 것이다. 나는 소속팀 선수들부터 설득했다.

"우리가 솔선수범해서 국산 활 한번 써보자. 아직 부족하지만 국산 활 가지고 좀 더 연습량을 늘려서 해 보자. 얼마든지 좋은 성적 낼 수 있다."

실업팀에서 좋은 성적을 내면 대학팀이나 고등학교팀까지도 저절로 국산 활로 저변이 확대되지 않겠느냐는 게 내 생각이었다.

그렇게 사람들을 설득하는 한편 나는 국산 활 개발을 위해 거의 전담 업체에 붙어살다시피 했다. 업체 사람들과 같이 먹고 자고 생활할 정도로 국산 장비 생산에 매달렸다. 외국에서 신제품 활이 나왔다는 소식이 들리면 어떻게 해서든 구해 와서 전부 분해하여 구조를 분석했다. 들어 보고, 당겨 보고, 쏘아 보고, 끊임없이 테스트하고, 문제점을 연구했다. 그리고 지금까지 만들어진 활에서 드러난 기술적인 문제를 회사 측과 매일 상의했다. 그 과정이 끝도 없이 반복됐다.

오죽했으면 "업체하고 지도자하고 결탁했다." "자기들끼리 짜고 친다." 이런 수군거림이 등 뒤에서 오갈 정도였다. 물론 나는 귀담아듣지 않고 장비 연구에만 몰두했다.

초창기에 만들어진 활은 한마디로 활이 아니었다. 시합을 하다가 활이 부러지는 웃지 못할 광경도 종종 벌어졌다. 화살이 타깃까지 안 날아가기도 하고, 바람이 조금만 불면 엉뚱한 데로 휙 날아가 떨어졌다. 게다가 이음새가 엉성해 활을 당길 때 어깨가 빠질 것처럼 아팠다.

그런 활을 내 소속팀 선수들에게 사용하게 했으니 불만이 나오는 게 당연했다. 사실은 선수들이 제일 고생이었다. 당시 활동하던 선수들이 몸소 실험 대상이 되어 희생한 것이다. 선수들은 처음에 나를 원망했다.

"감독님, 왜 저희더러 질이 떨어지는 국산 활로 쏘게 합니까?"

"왜 우리가 이런 장비를 사용해야 하죠?"

하지만 나는 눈을 질끈 감고 선수들에게 사정했다.

"어차피 우리가 극복해야 할 난관이다. 지금 당장 말고 5년, 10년 뒤 미래를 생각하자. 한국 양궁에서 장기적으로 보면 누군가는 희생을 감수해야 한다."

변화는 천천히, 그러나 분명히 찾아왔다. 국산 활을 쓰자고 선수들을 설득하는 사이, 국산 활의 질은 하루가 다르게 좋아져 갔다. 나는 선수들을 계속 독려했다.

"장비가 10퍼센트 부족한 거, 너희가 고생하는 거 안다. 부족한 건 우리가 몸으로 때우자. 이 활로 동메달만 따도 만족이다!"

그런데 국산 활을 가지고 전국대회에 나간 우리 실업팀이 점차 좋은 결과를 내기 시작하자 사람들의 시선이 조금씩 바뀌어갔다. 국산 활을 쓰지 않던 다른 팀에서 우리를 흘깃거리기 시작한 것이다.

"어라? 국산 활 가지고도 기록이 꽤 나오잖아? 그럼 굳이 비싼 외제 활 쓸 필요 없잖아. 우리도 국산 활로 한번 해 보자고!"

국산 활을 쓰는 팀과 선수들이 하나둘 늘어나기 시작했다.

IMF가 준 뜻밖의 '기회'

결정적인 사건은 생각지 못한 데서 터졌다. 국산 활을 개발하기 시작한 이듬해인 1997년에 IMF 외환위기가 닥쳤다. 그때는 이미 초등학교와 중학교 선수들의 장비는 전부 국산 활로 바뀌었을 때다. IMF가 터지자 외제 장비들의 가격이 천정부지로 올라갔다. 환율이 치솟아 외제 활을 구하기는 거의 불가능해졌다. 외제 활은 만져 볼 수도 없는 상황이 된 것이다.

그러나 나는 오히려 빙그레 미소를 지었다. 이미 장비 개발을 시작했던 데다, 장난감이나 다름없던 우리 활을 사용하던 선수들의 기록도 시합 때마다 조금씩 올라갔기 때문이다. 당장은 불완전했지만 장비의 기술 수준은 점차 올라가고 있었고 나에겐 앞으로 더 나아질 거라는 확신이 있었다.

온 국민에게 닥친 최악의 경제 위기는 운동 선수들에게도 악재였다. 환율 때문에 외제 운동 장비 구하기가 어려워지자 제일 먼저 직접적인 타격을 입은 건 각 종목의 선수들이었다. 각종 스포츠팀 중엔 해체된 팀들이 적지 않았다. 반면 양궁은 딱 한 팀만 해체되었을 뿐 그대로 살아남았다. 외제가 아닌 국산만으로도 얼마든지 할 수 있다는 자신감이 양궁인들에게 싹텄기 때문이다. 그리고 그제야 모두들 가슴을 쓸어내렸다. 장비에 대한 대비를 미리 하지 않았다면 한국 양궁은 그때 곧바로 추락했을 것이라고.

4년 후 2000년 시드니 올림픽이 열렸다. 남녀 대표 선수단 전원이 순한국산 활을 들고 나갔다. 결과는 금메달 4개 중 3개 획득. 기대 이상의 쾌거였다. 이어서 2004년 아테네 올림픽 때는 국산 활이 국내 외 선수들에게 널리 보급되기에 이르렀다.

국가대표 선수들이 한국산 활로 계속해서 좋은 성적을 거두다 보니 마케팅 효과가 절로 났다. 한국 활이 좋더라는 소문이 외국 양궁 선수들에게도 퍼졌다. 외국의 초등학교 선수들에게까지 국산 활이 수출되었다. 외국에는 비싼 가격에 팔고 그 대신 국내의 초등학교, 중학교 어린 선수들에게는 저가에 공급해 저변을 확대하고 인프라를 구축했다. 양궁 국가대표 감독 출신 중 한 사람은 사직을 하고 직접 공장을 차려서 활을 제조하기 시작했는데 그 기업은 현재 세계적인 기업이 되었다.

이 모든 게 10년 만에 이루어진 일이다. 처음에는 모두가 반대했다. 개발 과정은 고통스러웠으며, 많은 선수들이 열악한 초창기 활을 사용하며 고생하고 몸소 희생했다. 그러나 세계 최고의 활, 가장 비싼 활, 가장 정교하고 품질 좋은 활, 전 세계 우수한 선수들이 앞 다투어 사용하는 활이 우리 손으로 만들어졌다.

이제 한국 양궁의 과학성은 세계 최고 수준이 되었다. 대전에 있는 대덕연구단지에 의뢰해 공기의 저항 같은 환경 방해 요소를 최소화하되 정확성은 최대화할 수 있는 새 활과 화살을 개발한 것을 비롯하여 과학적인 슈팅머신, 시신경 감응도 측정기 개발 등 장비의 과학화를 위한 노력이 지금도 끊이지 않고 있다. 이 모든 것을 외국 기술에 기대지 않고 우리 손으로 해내고 있다.

대한체육협회에 가입한 50여 개 단체 중 장비의 완전한 국산화를 이룩한 종목은 양궁이 유일하다.

서거원의 Winning Secret 01

평범함을 뛰어넘어

"남들보다 우월해지려면, 모범적이어서는 안 된다." 나이키 공동 창립자 필립 나이트Philip Knight는 조금이라도 남보다 앞서기 위해서는, 뭔가 다른 방법을 찾아야 한다고 강조했다. 필립 나이트는 나이키라는 운동화 하나로 성공했다. 미국의 스탠퍼드 경영대학원을 졸업한 필립 나이트가 트럭에 운동화를 싣고 운동장을 찾아다니는 트럭 행상이 아닌 일반 직장에 취업했더라면 오늘날의 나이키는 탄생하지 못했을 것이다.

당장은 인기가 없더라도 소신을 굽히지 않는 사람들이 사회를 변화시킨다.

10년 후의 변화까지
예측하라

5년 전에 했어야 할 일을 5년 후에 하는 것은 실패한 인생, 좌절한 인생을 살 수 있는 확실한 처방전이다.
_ 서거원의 독서노트에서

한국의 독주를 막기 위한 전 세계의 음모

"활을 든다. 타깃을 향해 쏜다."

얼핏 보기에 양궁은 아주 단순한 스포츠처럼 보일 수 있다. 그러나 이렇게 정적이고 단순해 보이는 양궁 종목에서 희한하게도 경기 규정이 수시로 바뀌곤 한다. 일반인들이 보기엔 별 차이 없어 보여도 지난번 올림픽 때의 규정과 이번 올림픽 때의 규정이 다르다. 다음번 올림픽 때는 또 다를 것이다.

스포츠에서는 실력과 상관없이 경기 규정 때문에 불이익을 당하는 경우가 종종 생긴다. 단적인 예로 1998년 방콕 하계아시안게임을 들 수 있다. 방콕 하계아시안게임 때부터 OCA(아시아올림픽평의회)에서는 "동일 국가 선수가 한 종목에서 1~3위를 차지할 경우에는 동메달을 그다음 순위 국가 선수에게 준다."는 규정을 적용했다. 바로 이 새로운 규정 때문에 한국 양궁 선수가 불운의 희생양이 됐다.

한국의 남녀 양궁 선수들은 3등뿐만 아니라 4등까지 다 휩쓸었다. 하지만 안타깝게도, 5등을 한 다른 국가 선수에게 동메달이 돌아갔다. 그 결과 동메달리스트가 될 수도 있었을 한국 선수는 '노메달리스트'로 귀국했다.

이런 일이 있자 그다음 아시안게임인 2002년 부산 아시안게임부터는 아예 한 국가에서 금은동을 다 딸 수 없도록 또다시 규정을 미묘하게 바꿨다. 1개국에서 2명의 선수만 본선에 올라갈 수 있도록 한 것이다.

올림픽과 아시안게임뿐만 아니라 양궁 경기에서는 이런 식으로 규정이 바뀌는 일이 자주 생긴다. 국제양궁연맹에서 경기 규정을 자꾸 바꾸기 때문이다. 왜 그럴까? 그 내막을 알고 보면 '이건 한국의 독주를 견제하기 위해서다.'라는 결론이 나온다.

한 예로 양궁에는 후보 선수가 없다. 올림픽 종목 중에 후보 선수가 1명도 없는 종목이 양궁이다. 그런데 사정을 알고 보면 이것 역시 국제양궁연맹에서 한국을 견제하기 위해 만든 제도라고 할 수 있다. 예를 들어서 3명의 선수가 본선에 나갔는데 그중 선수 1명을 부득이하게 교체해야 할 경우, 그 팀은 메달을 따지 못한다. 후보 선수가 없기 때문이다. 선수 1명이 부상을 당하거나 해서 경기를 못하게 될 경우 단체전 금메달의 기회는 다른 나라에게로 날아간다.

한국 양궁이 휩쓰는 단체전 금메달을 이렇게 해서라도 빼앗아 보겠다는 것이다. 국제양궁연맹에서는 올림픽 같은 중요한 대회 때마다 수시로 이렇게 경기 방식을 바꾼다. 바뀐 규정들은 반드시 한국 선수들에게 불리하게 되어 있다.

1만 분의 1의 경우까지 준비하라

그래서 지난 2004년 아테네 올림픽이 끝난 직후 전국의 양궁 지도자들이 모여 회의를 했다. 다음 2008년 베이징 올림픽 때는 과연 어떤 방식으로 경기 규정이 또 바뀔 것인가를 논의했다. 지도자들이 전부 다 제안서를 써 냈다. 의견들을 모아 보니 '혹시 이렇게 바뀔지도 모른다.' 하는 내용들이 네 가지 정도로 압축되었다. 그 네 가지를 가지고 2004년 아테네 올림픽이 끝난 직후부터 선수들을 훈련시켰다.

4년이 지나 베이징 올림픽을 불과 8개월 남겨놓고 국제양궁연맹에서 새로 바뀐 경기 방식에 대해 발표했다. 그런데 우리가 그동안 준비해 왔던 네 가지 훈련 방식 중 한 가지가 글자 하나 틀리지 않고 똑같이 포함되어 있는 게 아닌가!

발표 직후 다른 국가 양궁팀에서는 난리가 났다. 그동안 애써 훈련을 했더니 올림픽을 코앞에 두고 경기 방식이 또 바뀌었기 때문이다. 그러나 우리는 크게 신경 쓸 필요가 없었다. 이미 3년 반 동안 대비해 왔던 훈련이기 때문이다.

경기 방식을 간단히 소개하자면 다음과 같다. 단체전의 경우 예전에는 선수 3명이 3발씩 3번 쏘았다. 다시 말해서 1인당 9발을 쏘고, 이것을 3번(3엔드)에 걸쳐 반복하니 총 27발이었다. 그다음에는 선수 3명이 1인당 3발씩이 아닌 2발씩 쏘는 것으로 바뀌었다. 1번 선수 2발, 2번 선수 2발, 3번 선수 2발, 이렇게 한 선수가 2발씩 4번, 즉 8발을 쏘므로 3명이 총 24발을 쏘게 되었다. 27발에서 24발로 바뀌었으니 전체적으로 3발이 줄어들었다.

그런데 베이징 올림픽을 8개월 앞둔 시점에 규정이 또 바뀌어 이번에는 한 선수가 2발씩 쏘는 것이 아니라 1명이 1발을 쏘고 바로 들어오면 다음 선수가 차례로 나가서 또 1발을 쏘고 들어오는 방식이 된 것이다. 3명의 선수가 각자 1발씩 2번 쏘는 것을 4번에 걸쳐 반복해서 총 24발이다. 우리가 적중한 부분이 바로 이것이었다. '한 선수가 쏘는 화살이 1발씩 더 줄어들지도 모른다.'고 예상해 우리나라는 이미 그러한 방식으로도 훈련을 해왔던 것이다.

화살을 1발 쏘는 데 허용되는 시간도 40초에서 30초로 단축되었다. 선수가 활을 쏘는 슈팅라인이 있고 그보다 2미터 후방에 대기라인이 있는데, 대기라인에 서 있다가 부저가 울리자마자 30초, 29초, 28초…… 시간이 뚝뚝 떨어진다. 선수는 2미터 전방의 슈팅라인까지 최대한 빨리 걸어가서 활 쏠 준비를 하는데, 이때 벌써 12~13초는 지나간다. 나머지 17~18초 내에 무조건 1발을 쏴야만 한다. 깜빡 정신을 놓으면 순식간에 지나가는 시간이다. 숨 돌릴 틈 없이 바로바로 쏘고 나와야 한다. 최대한 빨리 들어가 최대한 빨리 쏘고 최대한 빨리 나오지 않으면 안 된다. 선수는 정신없지만 관중은 더 재미있다.

매번 새롭게 바뀌는 방식에는 국제양궁연맹 측의 두 가지 의도가 담겨 있다. 첫째는 한국 선수들을 견제하기 위함이다. 둘째는 관중들이 보기에 보다 더 박진감 넘치고 속도감 있는 경기를 펼치게 하기 위해서다. 일반 관중이 보기에 빠르고 스릴이 있어야 대중적 인기도 높아지는 까닭이다. 비록 경기장에 선 양궁 선수들은 피가 바싹바싹 마르지만 말이다.

요지는 화살 발수를 최대한 줄이고 실수 확률을 높이는 데 있다. 한마디로 복불복福不福이다. 활을 여러 번 쏠수록 선수의 개인 실력 차가 드러나는 반면, 화살 발수가 적을수록 우연성이 많이 개입된다. 실수의 확률은 커지되 실력 차는 줄어들므로 실력 있는 선수일수록 불리하다. 국제양궁연맹에서 화살 발수와 시간을 줄이는 쪽으로 계속해서 경기 규정을 바꾸려 하고, 우리나라에서는 될 수 있는 한 화살 발수가 많기를 바라는 게 바로 그 때문이다.

그러므로 한국 양궁 지도자들은 별 궁리를 다 해야만 한다. 언제 어떻게 바뀔지 모르는 시합 규정을 위해 최대한 머리를 짜내 미리 여러 가지 가능성을 예측하고 대비해야 한다. 일어날 수 있는 모든 상황들을 최대한 설정해 놓고 선수들을 충분히 대비시켜야 한다. 어떠한 상황이 닥쳐도 당황하지 않기 위해서다.

예측 불가한 천재지변까지도 모두 감안해야 한다. 그렇지 않고서는 미래를 대비할 수 없다. 한국 양궁의 독주를 저지하려고 전 세계 양궁계에서 갖은 노력을 다한다.

경쟁 사회에서는 늘 나와 내 조직에 대한 견제가 도사리고 있다. 막상 경기 규정이 갑자기 바뀌었을 때 그때 가서 억울해하면 한발 늦는다. 내 능력을 견제하는 사람들이 미리 귀띔해 줄리는 없다.

예측이란 막연한 짐작이 아니다. 예측의 다른 말은 '대비'다. 일어날 수 있는 모든 경우를 설정해 놓고 부단히 준비하는 것이다. 통찰력이란 엉뚱한 데서 저절로 생기는 게 아니라 그러한 준비성에서 나온다.

4년 후의 올림픽이 아니라 8년 후의 올림픽을 준비하는 끊임없는 전략, 적어도 10년 앞의 미래를 내다보고 변화를 예측하여 대비하는 통찰력. 이것이 한국 양궁이 세계 정상으로 남을 수 있는 힘의 원천 중 하나다.

● 서거원의 Winning Secret 02 ●

히말라야에 오르는 법

히말라야에 오르는 길은 여러 루트가 있다. 길은 달라도 다 정상으로 통하는 루트들이다. 그런데 자기가 오르는 루트가 가장 옳다고 고집하면 결국 히말라야에 올라갈 수 없게 된다.

― 마하트마 간디

에베레스트 산을 정복하는 사람들이 점점 많아지는 이유는
산이 바뀐 게 아니라 생각을 바꾼 결과다.

발상을 전환하면
못 넘을 산도 넘는다

우리의 머리가 둥근 것은 생각의 방향을 얼마든지 바꿀 수 있게 하려는 신의 배려이다.

_ 프란시스 피카비아, 프랑스의 화가이자 시인

에베레스트 정복이 쉬워졌다?

"국내 여성 ○○○, 에베레스트 정복 성공!"
"20대 대학생 △△△, 에베레스트 정상에 오르다."
"호주 모녀, 에베레스트 등정 성공!"

산악 관련 뉴스에서 최근 들어 심심찮게 접하게 되는 소식이 바로 다양한 사람들의 에베레스트 정복기이다. 심지어 다음과 같은 소식도 들려올 정도다.

"에베레스트, 급증하는 관광객으로 극심한 환경오염과 쓰레기에 시달리다!"

 대체 얼마나 많은 사람들이 에베레스트에 오르기에 '지구 최고봉이 쓰레기장'으로 불릴 지경이 되었을까? 세계산악연맹의 집계에 의하면 2004년 1년 동안 330명이 정상에 올랐으며, 최근에는 아예 수를 세지 않는다고 한다. 너무 많이 오르니 집계 자체가 무의미해서다. 해발 8,700미터가 넘는 세계 최고봉인 에베레스트는 인간의 한계를 시험하는 대명사였다. 그 높고 험준한 산이 갑자기 낮아지기라도 했단 말인가?

 알고 보면 이처럼 산이 오염될 정도로 많은 사람들이 정상을 정복하게 된 것은 그리 오래전의 일이 아니다. 1953년 뉴질랜드의 에드먼드 힐러리 경이 인류 최초로 에베레스트 정상을 정복했을 때만 해도 에베레스트는 인간이 감히 범접 못할 곳이었다. 힐러리 경이 등정에 성공한 지 24년 만인 1977년에 고故 고상돈 씨가 한국인 최초이자 세계에서 58번째로 정상에 올랐다. 24년 동안 58번째였으니 그때까지 1년에 2.5명꼴로 등정에 성공한 셈이다.

 그렇다면 반세기 전의 첫 정복 후 24년간 연평균 2명 정도에 불과하던 정복자가 왜 최근 들어 갑자기 늘어났을까?

 첫째, 장비의 과학화다. 끊임없이 개발되는 최첨단 등산 장비들은 자연의 한계를 극복하게 해 주었다. 그래서 반세기 전만 해도 목숨을 걸어야 했던 에베레스트 정복이 이제는 어느 정도의 전문적인 산악 훈련만 받으면 얼마든지 도전 가능한 일이 되었다.

둘째, 발상의 전환이다. 힐러리 경이나 고상돈 씨가 에베레스트를 정복하던 시절에는 해발 2,000미터 지점에 베이스캠프를 세웠다. 그 지점부터 정상까지 오르려면 엄청난 고난을 극복해야만 했다. 그러나 1990년대 중반 이후부터는 해발 6,700미터 지점에 베이스캠프를 만들었다. 모든 장비를 그곳에 가져다 놓은 후 거기서부터 정상 정복의 여정을 시작한다. 정상까지 2,000미터 정도만 올라갔다 오면 '정복'이 되는 것이다.

한국 양궁을 이끄는 지도자의 한 사람으로서 나는 이 에베레스트의 사례에서 앞으로 한국 양궁이 진일보한 모습으로 나아갈 방법을 찾았다. 기술적으로는 양궁 장비와 시스템의 과학화를 끊임없이 추구하고, 당면한 난관에 대해서는 남들이 생각하지 못했던 방식으로 발상을 전환한다면 인간의 한계를 요구하는 상황마저도 극복할 수 있을 것이란 생각이 들었다.

한국 양궁, 금메달을 못 따면 이상한 종목?

얼마 전「우생순」, 즉「우리 생애 최고의 순간」이라는 영화가 큰 인기를 끌었다. 핸드볼 여자 선수들의 애환과 열정을 그린 영화다. 핸드볼은 올림픽에서 좋은 성적을 거두지만 평소에는 대중들의 관심과 후원을 받지 못하는 비인기 종목 중 하나다.

핸드볼처럼 양궁 역시 우리나라 스포츠 종목 중 대표적인 비인기 종목이다. 야구나 축구처럼 떠들썩한 응원 문화가 있지도 않고, 골프나 피겨스케이트 선수처럼 매스컴의 화려한 스포트라이트를 받으며 뛰어난 스타를 배출하는 것도 아니다.

그런데도 언제부턴가 사람들은 한국 양궁이 세계 정상의 위치에 머물러 있는 것을 아주 당연하게 여긴다. '양궁에서는 당연히 메달이 나온다.'는 생각은 해도 '양궁에서 항상 메달이 나오는 게 왜 당연한가?'에 대해서는 잘 생각하지 않는다.

한국 양궁의 역사는 남들이 생각하지 못한 것을 스포츠에 접목시키는 혁신적 개발의 역사, 역발상의 역사였다. 모든 스포츠 종목 중에서 최초로 과학을 도입했고, 올림픽 종목 중 처음으로 스포츠심리학을 적용하였으며, 아무도 생각하지 못했던 기상천외한 훈련 방법들을 끊임없이 개발해 시행했다. 조용하고 차분해 보이는 양궁 선수들이 등산과 수영 등으로 평소에 기초체력을 철저히 다질 뿐만 아니라 해병대 훈련이나 HID 훈련, 번지점프, 무박 3일 행군 같은 초고난이도의 훈련들을 하며 수시로 인간의 한계를 넘어서는 생활을 하고 있으리라고는 일반인들은 쉽게 상상하기 어려울 것이다.

1984년 미국 LA 올림픽에서 서향순이 한국 양궁 역사상 첫 금메달을 따기 전까지 한국 양궁의 환경은 열악한 불모지나 다름없었다. 그랬던 양궁이 '금메달을 못 따면 이상한' 종목, 늘 최정상의 자리에서 꾸준히 존재하는 게 당연한 종목이 되기까지는 불과 20여 년밖에 걸리지 않았다.

앞서 예로 든, 연간 두어 명에 불과하던 에베레스트 정복자가 갑자기 몇 백 명으로 늘어난 배경에는 과학적이고도 합리적인 이유가 있었다. 이와 마찬가지로 불과 20년 만에 한국 양궁이 세계 최정상의 자리를 계속 유지하게 되기까지는 과학적인 훈련 체계의 부단한 구축, 그리고 발상의 전환이 있었다.

몸에 밴 발상 전환 습성

"시청 앞 광장에서 양궁 경기를 치러 봅시다! 시민들이 오며 가며 자연스럽게 구경할 수 있지 않겠습니까?"

양궁 지도자들이 모인 자리에서 이런 제안을 했던 적이 있다. 반응은 신통찮았다. 오히려 반대와 우려의 목소리가 높았다.

"그동안 지방에서도 잘해 왔지 않소?"

"그러다 지나가던 사람이 화살에 맞기라도 하면 책임질 겁니까?"

"그게 어디 가능하겠습니까?"

시청과 광화문 일대의 직장인들과 시민들이 선수들의 활 쏘는 모습을 자연스럽게 구경할 수 있으리라는 나의 기대는 그렇게 해서 일단 한발 물러나야 했다. 이 아이디어는 양궁에 대한 언론과 대중의 관심을 어떻게 하면 높여 볼 수 있을까 하고 궁리하던 중에 나왔다.

'야구와 축구 기사는 대문짝만 하게 실려도 양궁 기사는 신문에서 찾기도 힘들다. 그렇다고 이대로 가만히 있을 것인가. 어디 좋은 방법이 없을까?'

양궁이 비인기 종목인 원인에는 여러 가지가 있다. 여기에는 환경적인 요인도 크게 작용한다. 양궁을 구경할 수 있는 양궁 경기장에의 접근성이 떨어진다. 가까이에서 양궁을 접하기가 쉽지 않다는 얘기다. 양궁장을 하나 만들려면 2만 평 정도의 공터가 필요하기 때문에 서울 시내에는 양궁장을 만들기 힘들다. 충북 청주의 김수녕 양궁장 등 대표적인 양궁장들은 전부 지방에 있다. 그러니 아무리 화제가 되는 경기를 지방에서 치르더라도 수도권의 중앙 언론에서 관심을 갖기가 어렵다.

'언론의 관심이 부족하다고 원망만 하고 앉아 있을 것이냐? 그러지 말고 언론이 우리에게 관심을 가질 수밖에 없도록 발상의 전환을 해 보자. 지방이 아닌 서울에서 양궁 대회를 치러 보자.' 이런 생각에서 '시청 앞 양궁 경기'를 떠올렸던 것이다. 시청 앞에서의 경기가 무산되고 나서도 그 아이디어만은 내 머릿속에서 계속 맴돌았다. 또 다른 대안이 분명히 있을 거라는 예감이 들었다.

그러던 몇 달 후 어느 날, 잠실 올림픽회관에 있는 대한양궁협회 사무실에서 창밖을 바라보고 있을 때였다. 무심코 올림픽공원을 내려다보고 있는데 평화의 문 건너편 인공호수를 보자마자 어떤 광경이 절로 뇌리를 스치고 지나갔다. 아, 저 곳에서 활을 쏘면 되겠구나! 호수 쪽으로 타깃을 바싹 붙인다면 지나다니는 사람들이 화살에 맞을 염려도 절대 없었다.

얼마 후 바로 그 장소에서 내 상상은 현실이 되었다. 내 제안이 결국 받아들여져, 2008년 7월, 베이징 올림픽을 달포 앞두고 서울 올림픽공원 평화의 문 앞에서 처음으로 양궁 경기가 치러졌다. 올림픽을 대비한 환경 적응 훈련의 목적도 있었지만 서울에서 경기를 치름으로써 좀 더 많은 사람들에게 양궁을 알리고 보이고자 함이었다.

시내에서 경기를 치른 덕분에 많은 관중들이 모여 선수들이 활을 쏠 때마다 탄성을 지르며 환호해 주었다. 덕분에 선수들도 무사히 소음 적응 훈련을 마칠 수 있었다. 다음날 이 사건이 신문과 인터넷의 주요 기사로 올라가며 사람들의 이목을 집중시킬 수 있었다. "양궁 금메달 프로젝트!" "신궁들 퍼펙트 행진!"

　20년 전에 비해 한국 양궁은 많은 부분에 있어 시스템이 안정되고 과학화가 이루어졌다. 그러나 여전히 모든 것이 불안정하고, 모든 면에서 골똘히 궁리를 하며 새롭게 발상을 전환해야 했던 20년 전의 습관만은 지금까지도 내 몸에 배어 있다. 지방에서만 치러 왔던 경기를 서울 시내에서 치를 궁리를 하고, 반대에 부딪힐 것이 뻔한 아이디어들을 내놓고, 늘 습관적으로 엉뚱한 상상을 해보곤 한다.

　현재의 상황에 의문을 제기하고 변화를 궁리해 보는 습관은 발전이 이루어진 다음에도 멈추어서는 안 된다. 현재의 한계를 당연하게 여기지 않고 의문을 제기하는 데서부터 발상의 전환은 시작된다. 한계는 왜 한계인가? 한계라고 생각하니까 한계다. 발상 전환하기, 끊임없는 변화에 대한 열망, 현재의 한계를 혁신하려는 모색, 리더라면 이런 것들이 습관처럼 몸에 배어 있어야 할 것이다.

　한국 양궁 선수들은 지금 이 순간도 에베레스트를 정복하는 것만큼이나 힘겹게 자신의 한계에 도전하고 있다. 불가능한 게 당연했을지도 모를 한계, 그 한계를 불가능에서 가능으로 만든 것은 끊임없는 발상의 전환 덕분이다.

● 서거원의 Winning Secret 03 ●

독수리의 잠재력

한 소년이 독수리 알을 주웠다. 그는 그 독수리 알을 암탉의 품에 넣어두었다. 병아리들과 함께 부화한 독수리는 자신을 병아리라고 생각했다. 그는 다른 병아리들처럼 닭장을 헤집으며 자랐고, 병아리처럼 행동했다. 어린 독수리에게 큰 두 날개는 먹이를 먹는 데 거추장스럽기만 했을 뿐 쓸모가 없었다.

그러던 어느 날, 독수리 한 마리가 하늘을 나는 것을 보게 되었다. 그 순간 그 독수리는 높이 날고 싶었다. 그는 높이 날아서 저 멀리, 산 정상까지 가고 싶었다. 병아리처럼 살았던 어린 독수리는 거추장스럽기만 했던 날개를 활짝 펴서 푸른 하늘을 날고 싶었다.

자신에게 있지만 그것을 쓰지 않고 그냥 갖고 있기만 한다면 그건 병아리의 삶을 택한 독수리의 쓸데없고 거추장스러운 날개에 불과하다. 우리가 평범한 삶을 택해 거기에 안주하는 한 독수리의 날개는 쓸 일이 없을 것이다.

잠재력은 있지만 그걸 쓸 생각을 하지 않는 한 그건 능력도 아니고 재능도 아니다. 우리는 재능이 부족해서가 아니라
스스로 자신에게 부과한 한계 때문에
더 이상의 도약을 꿈꾸지 않는다.
_「배철수의 음악캠프」에서

과학으로 분석하고
심리학으로 파악하라

'이렇게 되었으면 한다.'는 기대는 확실한 예언으로서 효과를 발휘하기 시작하고 그 예언은 이루어진다.
_ 이토 아키라, 나이토 요시히토 , 『이제는 절대로 심리전에서 밀리지 않는다』

비명소리도 들리지 않는 무서운 전쟁터

경쟁 사회에서 승자는 기술보다 정신이 강한 사람이다. 사람들을 이끌고 성공을 주도하는 자는 주먹이 센 사람이 아니라 정신이 타인을 압도하는 자다. 중심이 확고한 사람, 매너리즘에 빠지지 않는 사람, 다른 사람의 마음을 사로잡을 수 있는 사람이다.

양궁이라는 종목이 오묘한 것은 경기의 승패가 기술 자체보다도 심리에 따라 좌지우지된다는 데 있다. 그래서 양궁을 멘털 mental 스포츠라고 한다. 경기장에 갑자기 몰아치는 폭풍우보다도 폭풍우를 맞는 그 순간 선수의 심리 상태가 더 중요하다. 물론 어떠한 스포츠를 막론하고 실전에서의 긴장감은 극심하지만, 화살 하나에 모든 것이 달려 있는 양궁이라는 종목은 활을 쏘는 찰나의 심리 상태가 모든 것을 좌우한다고 해도 과언이 아니다.

평소에는 놀라운 기량을 펼쳐 보이던 선수도 어느 한순간 심리적으로 약간만 흔들리면 화살이 엉뚱한 데 가서 꽂힌다. 타깃 앞에 서 보지 않은 사람은 절대 짐작할 수 없는 묘한 뭔가가 양궁에 있다. 연습도 많이 했고 신체 컨디션도 좋은데 이상하게 점수가 안 나오기도 한다. 훈련만으로도 테크닉만으로도 안 되는 그 무언가가 작용하기 때문이다. 때로는 선수 자신도 스스로를 이해할 수 없는 미묘한 심리의 균형과 파장에 의해 10점이냐 0점이냐가 한순간에 달라진다.

양궁장에서 선수들이 활을 쏘는 모습은 매우 조용하고 평온해 보일지 모른다. 가만히 한자리에 서서 활을 '탕' 쏜 다음 어슬렁어슬렁 걸어가서 화살을 뽑고 왔다 갔다 하고, 얼핏 보면 지루해 보이기까지 할 것이다.

그러나 겉보기에는 별일 없어 보이는 평화로운 대지 위에서 피가 마르는 사투와 오금이 저리는 긴장의 순간들이 난무한다. 그러나 양궁장은 겉으로는 피가 보이지 않는 심리적인 전쟁터의 한복판이라 할 수 있다.

어린 시절 운동회 날이 기억나는지. 100미터 달리기를 하는데 내 순서가 다가올수록 얼마나 심장이 두근거리고 긴장이 되었던 가! 안 가던 화장실을 몇 번이나 들락날락하기도 했을 것이다. 상으로 공책을 받는 게 다인 어린 시절의 달리기 대회도 그렇게 떨렸는데, 하물며 내가 쏘는 이 순간의 화살 하나에 전 국민의 눈과 전 세계인의 관심이 쏠려 있다면 그 긴장감은 오죽하겠는가. 몇 센티미터 몇 밀리미터 차이로 금메달이냐 아니냐가 달려 있다고 했을 때의 그 압박감이란 인간의 한계 그 이상이다.

긴장한 선수에게 그냥 "잘해!"라고 말 한마디만 해 주면 되는 것은 아니다. 결정적인 순간에 지도자가 적절한 말 한마디로 선수의 긴장을 풀어 주기 위해서는 선수들의 심리에 대한 심도 깊은 이해와 분석이 선행되어야만 가능하다. 과학적 분석이 이뤄지지 않고서는 듣기 좋은 격려의 말 한마디는 안 하느니만 못할 수도 있다.

'흰 도포 입은 도사라도 짠 하고 나타나 줬으면……'

지도자 생활을 시작한 초창기, 처음 국가대표 감독으로 발탁되었던 무렵에 나는 수시로 이런 상상을 했다.

'하얀 도포를 입은 도사가 지팡이 짚고 내 앞에 나타나 줬으면 좋겠다. 허허허 웃으면서 이럴 땐 이렇게 하라고 속 시원히 가르쳐 줬으면 좋겠다…….'

선수들을 공격하는 심리적 요인들은 무수하다. 매너리즘에 빠지기도 하고 의욕 상실을 겪기도 한다. 심리적으로 주저앉는 경우도 많다. 또 경기 직전의 긴장만 있는 게 아니다. 실전에서 활을 쏘는 순간 혼자 감당해야 하는 극심한 공포는 경기 후에까지 오랫동안 남아 선수를 괴롭히기도 한다. 간혹 활을 아예 들지 못하거나 들더라도 활을 쏘지 못하는 선수가 있다. 활을 들고 타깃을 향해 조준하다가도 끝내 쏘지 못하고 다시 활을 내려놓는다. 이것이 반복된다. 쏘는 것 자체가 너무 무서워서다. 전적으로 심리적인 문제인데, 실패에 대한 두려움이 계속 쌓이다 보니 공포심이 유발된 탓이다.

이런 증상을 겪는 선수에게는 약이 없다. 무조건 쏘라고 윽박질러서도 안 된다. 오히려 반대로 양궁에 대해서 싹 잊게 해 줘야 한다. 활을 치워 버리고 최대한 양궁을 멀리하고 공포를 털어 버리고 다시 시작하게 해야 한다. 증상이 치료되는 과정과 기간은 사람마다 다르다. 일주일 만에 괜찮아지는 선수도 있지만 어떤 선수는 한 달이 넘게 계속되기도 한다. 그 선수를 가르치는 지도자가 심리적인 맥만 정확히 짚어서 치료한다면 효능에 따라 곧바로 회복되기도 한다.

그런 선수들의 심리를 붙들고 일으켜 세워 주는 건 전적으로 지도자의 역할이다. 멘토 같은 존재로서 선수의 심리를 이끌어 주고 선수 본인이 난관을 헤쳐 나갈 수 있도록 도와줘야 한다. 그러므로 양궁 지도자는 심리를 다루는 데 있어서도 능란해야 한다.

기술적인 문제, 체력적인 문제는 눈에 보이므로 얼마든지 해결할 수 있다. 그러나 선수의 심리와 관련된 문제들은 내 뜻대로 되지 않았다. 4강전 할 때와 결승전 할 때의 선수들의 심리가 너무나 달랐다. 날씨가 추우면 기록이 안 나오는 선수가 있는가 하면 더위에 약한 선수도 있었다. 나는 상황과 환경에 따라 심리 상태가 달라지고 그에 따라 점수도 달라지는 선수들을 책임지고 장악하는 능력을 키우고 싶었다. 내가 선수들에게 주지 못하는 게 바로 그런 부분이었다. 과연 그럴 때 적절하게 활용할 수 있는 이론적인 틀이 없을까 하는 의문에서 심리학 공부에 대한 목마름이 시작되었다.

지금은 프로 선수들에게 전담 심리 전문가가 붙어서 선수를 관리하는 일이 일상적인 것이지만, 20년 전만 해도 심리학과 스포츠는 별개의 세계였다. 운동하는 사람은 그저 훈련만 열심히 하면 된다고들 생각했다. 하지만 내게는 뭔가가 부족했다.

고민 끝에 당시 태릉선수촌 안에 있던 스포츠과학연구소(현 한국체육과학연구원)를 찾아갔다. 아는 사람도 없는데 그냥 무작정 찾아갔다. 그때 만나 각별한 인연을 맺게 된 사람이 현재 한국체육과학연구원의 김병현 박사로 내게 많은 도움을 주신 분이다.

스포츠심리학을 국내 최초로 도입하다

"아니, 그런 건 알아서 뭐하게? 훈련이나 열심히 하면 되지!"

1980년대 초반, 태릉선수촌 사람들 눈에 나는 꽤나 '별난 놈'이었다. 국가대표 선수들을 이끌게 된 젊은 지도자가, 연습장에서 선수들 활이나 열심히 쏘게 하는 데 만족하지 않고 엉뚱한 곳을 분주하게 돌아다녔기 때문이다. 스포츠과학연구소 건물은 어떠한 종목을 막론하고 운동선수나 감독은 그림자도 비치지 않는 장소였다. 그런 곳을 웬 젊은 감독이 기웃거린 것이다.

"저어, 스포츠심리학을 좀 배우고 싶어서 왔습니다."

모두들 눈을 휘둥그렇게 떴다. 연구소 쪽 사람들은 운동이나 하던 '돌대가리'가 심리학 공부는 해서 뭐하느냐며 코웃음을 쳤다. 반면 태릉선수촌 쪽 사람들은 양궁에 대해서는 알지도 못하는 책상머리 연구원들과 어울린다며 나를 이상한 눈으로 쳐다봤다.

그러나 하루 이틀 찾아가 연구원들과 어울리고 모르는 것도 물어보고 대화를 나눈 시간들은 헛되지 않았다. 전문적인 이론을 배워 큰 틀을 알게 되니 시야가 넓어졌다. 연구원들에게도 나와의 만남이 도움이 되었다. 나를 통해 선수들의 심리나 실전과 관련된 것들을 많이 배울 수 있었기 때문이다.

양궁은 태릉선수촌 내의 종목들 중 심리학을 처음으로 배우고 적용한 첫 종목이 되었다. 이 일을 계기로, 양궁 선수에게 적용한 심리학을 골프 선수에 적용하는 등 이론과 실제의 병행에 물꼬가 트였다. 어느 종목을 막론하고 지도자가 스포츠심리학의 기본을 알아야 한다는 인식도 서서히 태릉선수촌 내에서 퍼져나가기 시작했다.

2004년 아테네 올림픽을 준비하면서는 서울대학교 체육교육과 심리학팀에서 와서 양궁 선수들과 단계별 심리 훈련을 실시했다. 심박수 분석에서 연구원 면담까지 다양한 과정을 거쳤다. 그러나 서울대학교 팀에서는 이내 고개를 내저었다. 이미 그동안 양궁팀에서 체계적인 심리 훈련을 해 왔기 때문에 더 이상 외부적인 도움을 보탤 필요가 없었던 것이다.

물론 이론이 전부는 아니다. 스포츠심리학이라고 해서 선수를 파악할 수 있는 모든 해답이 나와 있는 것은 아니다. 실전에서는 개인별 특성과 상황마다 예측할 수 없는 일들이 벌어지기 때문이다. 하지만 과학적 이론이 정립된 상태에서는 선수를 도와줄 수 있는 근거를 과학적으로 접근해서 좀 더 확실하게 잡고 거기에서 출발할 수 있다.

결국 심리란 믿음에 관한 문제다. 사람들은 불안할 때 신을 찾는다. 심리학을 전혀 모르는 상태에서 선수들의 심리를 어떻게 다스려 주어야 할지 몰랐을 때 '흰 도포 입은 도사'가 나타나 선수들 내면의 문제를 해결해 주기를 막연히 상상했던 것처럼, 심리학을 공부하다 보니 스스로에 대한 믿음의 문제가 나왔다. 그것은 종교와도 연관된다. 운동선수들 중에 종교를 가진 선수들이 꽤 많은 것도 그래서이다.

결국은 육체의 테크닉도 심리에 달려 있고, 자신에 대한 믿음이 스포츠 경기에서의 성적도 결정짓는다. 그리고 선수가 마지막 결정적 순간에 스스로 실력을 발휘하기 전까지는 지도자가 매 순간마다 선수가 심리를 다스릴 수 있도록 도와줘야 한다.

운동선수가 아니더라도 우리의 삶은 심리전의 연속이다. 중요한 시험을 치를 때나 실적을 결정짓는 프로젝트를 수행해야 할 때, 인생의 승부를 겨뤄야 할 때, 학교나 직장에서 여러 가지 복잡한 대인관계에 문제가 생길 때 등등 심리전이 일어나는 상황은 수없이 많다. 이때 나 자신의 심리는 물론이고 같이 일하는 동료들이나 부하나 상사의 심리, 그리고 경쟁자의 심리를 어떻게 적절하게 파악하느냐에 따라 많은 것들이 바뀐다. 이는 결국 얼마나 사람을 적절히 다스릴 수 있느냐의 문제이자, 매사에 얼마나 합리적으로 접근해서 문제를 지혜롭게 풀 수 있느냐의 문제이기도 하다.

사소한 것도 체계적, 과학적으로

활을 쏠 때의 순서는 다음과 같다.

1. 스탠스 stance : 양발을 어깨넓이로 벌리고 선다.
2. 노킹 knocking : 화살을 시위에 메기고 그립을 잡고 타깃을 겨냥한다.
3. 셋업 setup : 활을 쏠 정확한 자세를 취한다.
4. 드로우 draw와 풀 드로우 full draw : 화살을 힘껏 당긴다.
5. 릴리즈 release : 손가락을 현에서 떼어 발사한다.
6. 폴로 드로 follow through : 발사 후의 자세.

양궁 선수들은 이 단계들을 따로따로 떨어뜨려 놓고 생각하는 게 아니다. 물론 처음 연습할 때는 각각의 과정마다 자세를 익히고 연마를 한다. 그러나 그 과정을 거친 다음에는 각 단계들을 종합적인 한 세트, 즉 한 덩어리로 간주한다. 그리고 눈을 지그시 감고 자신이 활 쏘는 모습을 머릿속으로 연상해 본다.

'자, 내가 활을 들고 선다, 당긴다, 쐈다, 타깃 정중앙에 들어갔다, 이겼다!'

이때 제일 중요한 게 마음속의 자신감이다. 스탠스에서 시작해 활을 쏘기까지 '나는 최고의 성적을 냈다, 타깃 한가운데에 쐈다.'는 자신감을 가지고 내 모습을 연상하여 끊임없이 자기암시를 하는 것이다. 이것이 선수들이 실제로 하는 심상훈련이다.

선수들이 태릉선수촌에 들어가면 10개월에 걸쳐 꾸준한 멘털 트레이닝을 한다. 멘털 트레이닝의 주안점은 얼마나 빠른 시간 안에 팀워크를 위해 모든 선수들이 한마음으로 동참할 수 있는가, 얼마나 자신의 과제를 성공적으로 수행하고 목표에 도달할 수 있는가이다. 이를 성공적으로 수행해 올림픽에서 최고의 실력을 발휘하기 위해서는 지도자, 즉 리더의 역할이 가장 중요하고 리더의 역할 중에서도 선수들의 심리를 장악하고 이끌어 나가는 게 제일 중요하다.

자신의 심리를 관리할 때 일지를 쓰면 큰 도움이 된다. 양궁 선수들은 훈련을 할 때 다양한 종류의 훈련 일지를 직접 쓴다. 예를 들어 연습 시합을 할 때 '심리 상태 점검 훈련 일지'라는 것을 쓰는데 다음과 같은 항목들을 점검한다.

- 편안한 마음으로 차분하게 연습 시합을 하였는가?
- 나의 기술에 대한 믿음을 가지고 연습 시합을 하였는가?
- 오늘 연습 시합에서 감정 조절을 잘하였는가?

그렇게 해서 자신의 오늘 심리 상태 중에서 무엇을 가장 잘 수행했고 무엇을 가장 잘못 수행했는지 돌아본다.

'부정적 생각 전환 훈련'이라는 일지도 기록한다. '나는 ( ) 하는 것이 가장 싫다.' '나는 ( )이 항상 잘 안 된다.' '나는 ( )에서 항상 불리하다.' 같은 항목들에 구체적으로 기입하고, 각각에 대해 내가 왜 그렇게 생각하는지 이유를 적는다. 자신의 부정적인 생각들을 어떻게 하면 긍정적인 방향으로 바꿀 수 있는지 써 보는 것이다.

또한 여러 종류의 심리 일지를 기록하고 자신을 돌아본다. 자신에 대한 믿음을 강화하고 긍정적으로 생각하기 위한 훈련이다. 연습을 할 때 매 순간 자기가 어떤 심리였는지, 주의집중에 실패하지는 않았는지, 부정적 사고를 하거나 믿음이 부족하지 않았는지, 최선을 다하지 않고 무성의하지는 않았는지 꼼꼼하게 기록하다 보면 어떤 부분이 취약하고 매 순간 어떤 심리가 활쏘기를 방해하는지 파악할 수 있게 된다.

이런 일지 기록은 운동선수뿐 아니라 일반인들도 자신의 생활에서 활용할 수 있다. 선수들이 '시즌 전까지의 기술 목표, 금주의 목표, 오늘의 목표, 목표 달성 방법, 오늘의 목표 달성 퍼센티지'를 적고, 오늘 훈련 전에 그리고 훈련 도중에 나 자신에게 뭐라고 말했는지 적어 보는 방식으로 하면 된다. 이를 통해 누구나 자신의 생활 관리와 목표 관리를 할 수 있다. 별것 아닌 것 같지만 일지를 매일 적는 것과 아닌 것과는 시간이 지날수록 큰 차이를 낳는다.

1980년대 중반 286컴퓨터가 처음 나왔을 때 나는 동료 지도자들을 설득해 사비를 털어 무리를 하면서까지 컴퓨터를 장만했다. 지금처럼 누구나 컴퓨터를 구입해서 쓰던 시절도 아니었고 가격도 고가였다. 다들 운동 감독이 왜 비싼 돈을 들여 컴퓨터를 장만하는지 이해를 못했다. 그런데 막상 사고 보니 컴퓨터를 배울 데가 없어서 태릉선수촌 내 스포츠과학연구소에 찾아가서 연구원들을 귀찮게 괴롭히면서 컴퓨터 다루는 법을 익혔다.

컴퓨터로 한 일은 선수들에 대한 체계적인 기록이었다. 선수들의 성적, 특성, 훈련 일지와 결과, 그에 따른 통계 등등 선수들 관리를 위한 모든 것을 컴퓨터에 입력하여 데이터베이스를 만들고 저장했다. 다른 종목의 감독들은 일일이 종이에 손으로 쓰고 그리던 시절이었다. 그 후 10년이 지나자 컴퓨터가 더 널리 보급되었고, 20년 후에는 컴퓨터로 데이터베이스를 관리하는 것이 지극히 당연한 일이 되었다.

뭔가 새로운 것을 시도하려 할 때 사람들은 '그런 것을 왜?' 하는 의구심부터 내보이곤 한다. 그러나 매사에 있어 과학적, 합리적, 체계적으로 사고하고자 하는 노력 앞에서 의구심은 머지않아 믿음으로 바뀐다.

서거원의 Winning Secret 04

부정적 생각을 긍정적으로 전환하는 훈련

1. 나는 (동료 ○○○, 상사나 후배 △△△)이(가) 가장 싫다.
2. 나는 (어떤 행동, 일) 하는 것이 가장 싫다.
3. 나는 (   )이(가) 항상 잘 안 되거나 약점이다.
4. 나는 (   )을(를) 할 때 항상 불안하거나 실패한다.

- 위의 항목들을 기입한 후, 나에게 가장 치명적이거나 현재 나에게 가장 부정적인 영향을 끼치는 것을 순서대로 나열해 본다.
- 그렇게 생각하게 된 이유를 구체적으로 적어 본다.
- 긍정적인 방향으로 바꿀 수 있는 방법을 적어 본다.
- 이것을 매일, 혹은 일주일에 한 번 등 주기를 정해 놓고 일정하게 반복한다.

아무도 생각하지 못한 것을
파고들어라

상상력이야말로 잠재의식을 창조적으로 이용할 수 있는 수단이다.
_ 나폴레옹 힐

누구도 상상 못한 기상천외한 훈련들

예전에 한창 인기를 끌었던 이현세의 『공포의 외인구단』이라는 만화에는 최고를 꿈꾸는 프로야구 선수들이 외딴 섬에서 혹독한 지옥훈련을 하는 이야기가 나온다. 그런데 양궁 선수들도 결코 그에 못지않은 지옥훈련을 한다는 사실을 아는 사람은 그리 많지 않을 것이다.

한국 양궁이 발전하기 전, 양궁을 프로페셔널한 스포츠로 인식하기 전에는 아무도 양궁을 위해 '훈련'이라는 걸 할 생각을 못했다. 말 그대로 활만 잘 쏘면 되는 거 아니냐고 생각했다. 그랬기 때문에 체계적인 체력 훈련은 전혀 이루어지지 않았다. 체력 훈련을 해야 할 필요성을 느끼지 못했으니 활 쏘는 연습이 훈련의 전부였다. 게다가 양궁 장비가 다 외제인 탓에 비싸기도 해서 양궁은 한가하고 여유로운 운동이라는 인식이 강했다.

그러다 1980년대에 들어와 코치와 감독들을 중심으로 '확 바꾸자.'는 의견이 공론화됐다. 특히 1988년 서울올림픽을 한 해 앞두고 1987년 호주세계선수권대회에서 남여 선수 8명 출전하여 여자 개인 은메달 획득에 그치는 부끄러운 성적을 거두면서 지도자들은 절박한 위기의식을 갖게 되었다.

"지금까지 해 왔던 훈련 방식으로는 절대 좋은 성적을 거둘 수 없겠다."

"뭔가 획기적인 혁신이 있어야겠다."

"뿌리부터 바꾸고 처음부터 다시 시작하자."

"뭔가 획기적인 변화가 있지 않고는 우리가 세계 수준으로 발전하기 어렵겠다."

그래서 그때까지 해 왔던 훈련 과정을 전부 다 뒤집어엎었다. 단 1점이라도 점수를 높일 수 있는 훈련 방법을 총동원했다. 그러자 선수들은 "왜 이런 것을 해야 하느냐?"며 고된 훈련을 받아야 하는 이유 자체를 이해하지 못했고, 주변에서도 다들 "미쳤다."고

했다. 그러나 그때부터 도입한 '지옥훈련'들은 한국 양궁의 역사를 바꾸는 계기가 되었다.

현재 한국 양궁 선수들은 일반인들의 상상을 넘어서는 다양한 훈련을 하고 있다.

가장 소란스러운 곳을 찾아서

국제대회에 가 보면 관중들은 약자 편이다. 금메달을 휩쓰는 강적인 한국 선수들은 어느 나라를 가나 적으로 간주될 정도다. 활을 쏘려면 무엇보다도 집중을 해야 하는데, 사실 주변이 고요한 곳에서 해도 집중이 잘 안 된다. 하지만 환경은 선수가 만들어 낼 수 있는 게 아니다.

2004년 올림픽이 열렸던 그리스 아테네의 파라티나이코 경기장은 1896년 제1회 올림픽이 열렸던 장소다. 100년 전에는 대단한 메인스타디움이었겠지만 지금은 매우 협소한 경기장으로 선수와 관중 사이의 간격이 불과 5~6미터밖에 떨어져 있지 않아 관중들의 야유, 함성, 기침소리까지 선수에게 그대로 다 들린다. 양궁 경기를 하기에는 열악한 환경이다.

그러나 관중들의 함성, 선수들의 사기를 떨어뜨리는 야유, 나라마다 다른 관중들의 분위기 등 그런 것 하나하나에 매번 주의가 흐트러지고 집중력이 떨어져 활을 잘못 쏜다면 그건 프로가 아니다. 환경이 열악하면 환경을 탓할 것이 아니라 그 환경을 초월할 힘을 갖추는 수밖에 없다.

그렇다면 이것을 극복하기 위해 어떻게 훈련을 할 것인가? 나는 궁리 끝에 그 어떤 경기장보다 어수선하고 최대한 집중이 안 될 만한 장소를 물색했다.

그래서 찾아간 곳이 야구장이다. 커다란 활을 하나씩 든 양궁 선수들이 웬 야구장에? 그러나 선수들은 야구를 구경하러 간 것도, 시구를 하러 간 것도 아니었다. 양궁 선수들은 실제로 경기를 벌였다. 야구 경기가 시작되기 직전, 야구장을 가득 메운 관중들이 호기심 어린 눈초리로 쳐다보는 가운데 그 소란스러운 곳에서 양궁 경기를 펼쳤다. 남녀 성 대결도 하고 개인전도 했다.

같은 이유로 잠실에 있는 경륜장과 미사리에 있는 경정장도 찾았다. 경륜장에서는 경륜 경기를 하는 중간 중간 들어가 양궁 훈련을 했고, 경정장에서는 경정 경기가 끝나고 중간 휴식 시간을 틈타 양궁 시합을 했다. 관중들의 떠들썩한 소음, 소란스러운 분위기, 왜 여기 와서 활을 쏘느냐는 야유가 어지럽게 쏟아지는 경정장 한 옆에서 활에 집중하는 훈련을 했다. 그런데 시간이 조금 지나자 경정장 측에서 경기를 중단해 달라는 요청을 해 왔다. 경정 경기를 보러 왔던 관중들이 양궁 시합을 구경하느라 정신이 팔려서 자기들끼리 양궁 경기로 내기까지 하는 바람에 정작 경정 경기 티켓 판매에 차질이 빚어진다는 이유였다.

본능적 공포와 맞서다

양궁은 '결정적 순간'에 의해 좌우되는 운동이다. 지금 쏜 화살이 잘못 나갈지도 모른다는 내면의 공포를 이기고 실수를 최소화할 수 있는 담력과 순간적인 결단력이 무엇보다 필요하다. 그렇다면 가장 무서운 순간을 극복하고 결단력을 기를 수 있는 곳이 어디일까? 인간의 본능적인 순간 공포증을 체험할 수 있는 곳은 어디일까?

이를 위해 양궁 선수들은 실내수영장에 가서 하이다이빙 훈련을 한다. 인간이 가장 공포심을 많이 느끼는 높이가 11미터다. 바로 이 11미터 높이에서 물속으로 뛰어드는 연습을 한다. 저절로 오금이 저리는 높이에 서서 그것을 이겨내는 연습을 하루 종일 반복한다. 오르고 떨어지고 또 오른다.

가장 무서움을 느끼는 높이에서 물속으로 뛰어내리는 이유는 심리적인 공포를 다스리기 위함이다. 실전에서 활을 쏘기 직전 심장이 터질 듯한 공포를 이겨내고, 담담한 마음으로 결단력 있게 활시위를 놓기 위해서다. 정기적으로 번지점프를 하러 가는 것도 같은 맥락에서다.

특수 군사 훈련을 통한 근성 배양

올림픽을 한 달 정도 앞두고 많은 선수들은 극도의 불안감에 휩싸인다. 하루 종일 연습을 해 몹시 피곤한데도 밤에 잠을 못 자 불면증에 시달리는 선수들이 많다. 불안과 불면을 방치하면 몸보다 마음이 흐트러지고 기량은 순식간에 엉망이 된다.

그럴 때 선수들을 주로 데리고 가는 곳이 육군 최전방이다. 다 똑같이 군복을 입고 철모를 쓰고 실탄까지 지급받고 밤새 경계 근무를 선다. 여자 선수들도 예외는 없다. 초저녁에 들어가 새벽에 끝나도록 짜 놓은 프로그램이다.

긴장과 적막이 교차하는 곳이자 실제로 적과 대치된 상황에서 선수들은 정신을 바싹 차리고 밤을 새야 한다. 칠흑 같은 어둠 속에 서 있다 보면 외부의 적이 아닌 자기 내부의 적과 대치하고 있는 자신을 발견하게 된다. 그리고 자신을 돌아본다. 국가대표 선수로서의 사명감, 자기가 해야 할 도리, 올림픽을 앞둔 시점에서의 각오 등 자신을 정리할 수 있는 성찰의 시간을 갖는다.

그 밖에 국내에서 접할 수 있는 거의 모든 종류의 특수 군사 훈련들을 체험한다. 줄에 매달려 건물 아래로 뛰어내리는 고공 훈련은 기본이다. 수중폭파대UDT 훈련, 실미도에 가서 하는 해병대 훈련, 공수특전단 훈련, 육군정보학교에서의 훈련 등 다양하다. 눈앞에서 생사가 왔다 갔다 하는 극한 훈련을 통해, 경기장에 섰을 때의 긴장 따위는 아무것도 아닌 것처럼 느껴지게끔 선수들의 심신을 단련시키기 위해서다.

신체의 한계마저 극복하다

활만 정확히 쏘면 되는 양궁 선수들이 왜 이런 혹독한 훈련까지 받아야 할까? 선수들을 괜히 인간병기로 만들기 위해서가 아니다. 양궁 선수들에게 이러한 강도 높은 훈련을 시키는 이유는 선수들의 담력과 근성을 키우기 위해서다.

양궁이란 그만큼 극적이고 예측할 수 없고 선수 본인이 겪는 긴장도가 상상을 초월하는 스포츠다. 결국 정신력과의 싸움이고 자신과의 싸움이며 극기와의 싸움이다. 본선에 나가서 타깃 앞에 섰을 때는 어쩌면 웬만한 군인들의 특수 훈련보다도 더한 심적 고통을 매 순간 이겨내야 된다.

몸과 마음을 극한으로 몰고 가는 이런 훈련들은 정신적인 적응력을 키우는 데 큰 도움을 준다. 선수들도 그걸 알기 때문에 아무리 힘들고 죽을 만큼 고생스러워도 끝까지 악착같이 훈련을 포기하지 않는다.

작고 사소한 승리는 남과의 경쟁에서 이기는 것이지만, 크고 위대한 승리는 자기 자신과의 싸움에서 이기는 것이라고 했다. 그것이 진정한 승리다. 그런 진정한 승리를 얻기 위해서는 그만한 고통을 극복할 수 있고, 극한 상황을 뛰어넘을 수 있는 자신감으로 충만해 있어야 한다.

실전보다 더 실전 같은 시뮬레이션 훈련

양궁 선수들이 하는 훈련에는 몸과 마음을 극기시키는 훈련들만 있는 게 아니다.

올림픽 훈련 기간 내내 선수들은 활을 쏘는 중간 중간 실내에 들어와 특수 안경을 끼고 쉰다. 사실은 쉬는 게 아니다. 특수 안경을 낀 선수는 몸은 태릉선수촌에 있되 정신은 저 멀리 앞으로 몇 달 후 올림픽이 열릴 경기장 한복판으로 날아가 있다. 바로 가상현실, 즉 시뮬레이션 훈련이다. 시뮬레이션 훈련은 우리나라에서는 양궁에서 처음 도입해 성공한 사례다.

지난 2004년 아테네 올림픽 훈련 때부터 도입된 이 시뮬레이션 훈련은 사실은 동네 오락실에서 처음 힌트를 얻었다. 무심코 오락실 앞을 지나가다가 자동차 오락 화면을 봤는데, 화면 속에서 자동차가 질주하는 장면을 본 순간 뭔가가 뇌리를 스쳤다.

'야, 이것 봐라! 몰입도가 엄청나잖아!'

양궁에서는 국내 거의 모든 선수들의 기량, 장단점, 그리고 경기장의 날씨와 관중의 분위기 같은 주변 환경에 따른 선수들의 기록 변화까지 꼼꼼히 컴퓨터에 입력해 실전에 활용할 수 있도록 하는 프로그램을 운용해 왔다. 그러나 자동차 오락 화면을 본 순간부터 나는 그 화면을 떨쳐버릴 수가 없었다. 곰곰이 생각해 보니 미국항공우주국NASA의 우주인들도 우주비행사 훈련을 할 때 시뮬레이션 훈련을 하지 않던가. 실제와 똑같이 만들어 놓은 가상현실로 실전 같은 훈련을 하는 것이다.

'그렇다면 양궁도 그렇게 못할 게 뭔가!'

그렇게 해서 우리나라 스포츠 사상 최초로 시뮬레이션 훈련이 양궁에 도입되었다. 그 효과는 생각한 것 이상으로 굉장했다.

올림픽이 열리기 1년 전에 프레올림픽이라는 것이 열린다. 올림픽이 치러질 장소에서 미리 선수들이 경기를 해 보는 것으로, 올림픽 전에 단 한 번 치러진다. 선수들로서는 현지의 날씨, 분위기, 공기, 풍향과 풍속을 익힐 수 있는 소중한 기회다. 또한 시뮬레이션 영상을 만들 수 있는 유일한 기회이기도 하다. 프레올림픽 경기를 하는 동안 현장의 모든 것을 영상에 담아 온다. 그리고 그 영상을 토대로 한국으로 돌아와서 프로그램을 만든다. 연습장에서 대기석, 시합장에 들어가기까지의 전 과정이 현장처럼 보이도록 영상을 구성한다.

이 프로그램을 통해 선수들은 양궁 연습을 하면서도 틈나는 대로 실내에 들어와 특수 안경을 끼고 시뮬레이션 체험을 할 수 있다. 뿐만 아니라 A선수는 가장 긴장했을 때 어떤 음악을 들으면 긴장이 풀리더라, B선수는 어떤 목소리의 내레이션이 나오면 심리적으로 편해지더라 하는 세밀한 사항들을 토대로 각 선수마다 맞게끔 음악과 목소리도 넣어 준다. 선수들은 쉬는 시간에 특수 안경을 쓰고 버튼만 켜면 올림픽 현장 한복판에 가 있게 된다. 올림픽 때나 다시 가게 될 그 경기장은 올림픽 1년 전부터 이미 선수들에게 아주 익숙한 장소로 이미지화되어 각인된다. 실전을 이미지화시키는 것이다.

2004년 아테네 올림픽을 마치고 난 뒤 선수들의 반응은 폭발적이었다. 프레올림픽 이후 처음 간 경기장인데도 마치 그동안 매일 와서 훈련했던 경기장처럼 친숙하고 편하게 느껴졌다는 것이다. 그때의 노하우를 바탕으로 하여 2008년 베이징 올림픽을 준비할 때는 한층 기술적으로 보완된 프로그램을 제작해 훈련하였다.

2008년 베이징 올림픽 준비 기간에는 태릉선수촌에 대형 철제 구조물과 대형 실사 현수막을 설치해 베이징 양궁장의 모습을 그대로 재현했다. 대형 블라인드로 펼쳐 내린 실사 현수막에는 프레올림픽 때 낱낱이 찍어 놓았던 관중들의 모습이 그대로 담겨 있었다. 또 대형 전광판과 스피커를 통해 경기 당시의 영상과 당시 경기장의 소리, 예를 들어 4,000석 규모의 관중석에서 들리던 관중들의 함성이라든가 중국어로 말하는 아나운서 목소리까지 실제 경기장처럼 보이고 들리게 했다.

이역만리 외국 양궁장에서 흘러나온 김건모 노래

올림픽 경기장에서 경기를 치를 때 시합과 시합 사이에 음악이 나간다. 그런데 잘 모르는 외국 노래 말고 우리 선수들이 잘 아는 우리 노래가 흘러나오면 어떨까. 마치 한국에서 경기를 치르는 것처럼 느껴지지 않을까 하는 생각이 들었다.

그래서 우리 선수들이 평소에 좋아하는 노래들을 모아서 녹음한 CD를 한국에서 미리 준비해 올림픽에 출전한 일도 있다. 주최 측과는 서로 협의를 해 두었다. 경기장에서 한 시합이 끝나고 쉬는 시간이 되었는데 갑자기 한국 가요가 흘러나오자, 선수들의 안색이 환해지며 슬며시 웃음을 지었다. 낯선 땅의 경기장에서 극도로 긴장된 순간에 자기가 좋아하던 한국 가요를 듣고 순간적이나마 마음이 편해진 것이다.

김건모의 「잘못된 만남」이 나오자 한 선수가 물었다.

"아, 이 노래는 옛날 노랜데……. 감독님, 이 노래는 왜 틀어 주셨어요?"

"너 이 노래 잘 새겨들으라고 틀었다. 저 외국 선수는 너하고 32강 대진표가 나왔기 때문에 너하고 붙게 된 선수다. 그런데 이 노래처럼 너를 만나지 않았으면 저 선수는 결승전까지 갔을 텐데, 너를 만난 것 자체가 쟤한테는 '잘못된 만남'인 거다. 그러니까이 노래가 나올 때마다 그걸 연상하면서 들어라. 알겠냐?"

장내 방송을 하는 현지 아나운서를 즉석 활용하기도 했다. '텐'(10)을 말한 다음에 한국어로 숫자를 한 번씩 더 말해 달라고 부탁했다. 외국인 아나운서는 '텐'이라고 말한 직후에 '십 점'이라고 한국어로 숫자를 말했다. 그 아나운서가 우리 말을 알았던 게 아니라 '십 점' '구 점'이라고 영어로 그대로 읽을 수 있도록 종이에 미리 적어 줬던 것이다.

서양 아나운서 입에서 갑자기 한국어가 나오자 선수들은 깜짝 놀라면서 모두 웃음을 지었다. 잔뜩 긴장하고 있다가 외국 경기장에서 들릴 리 없는 한국어가 나오니 괜히 반갑고 심리적으로 큰 힘이 됐기 때문이다.

경기 중간 중간에 지나치듯 흘러나오는 음악 한 구절, 아나운서가 하는 말 한마디까지 신경을 쓰는 것은 전적으로 선수들을 위한 전략이었다. 극도로 긴장된 상태에서 듣는 말 한마디, 음악 한 소절 그런 것 하나하나가 아무것도 아닌 것 같아도 선수들에게는 심리적으로 평온함을 안겨 줄 수 있는 위력을 지닌다.

별것 아닌 것으로 간과하는 사소한 것일지라도 전략적으로 생각해 보면 큰 의미를 갖게 된다. 지도자는 그 순간순간의 의미를 놓쳐서는 안 된다. 남들이 생각하지 못한 것까지 정확하게 끄집어내어 좀 더 나은 상태에서 선수들이 편안하게 경기에 임할 수 있도록 만들어 주는 게 지도자가 하는 일이다.

선수들의 화장실 습관까지 놓치지 않는다

양궁 지도자는 선수들의 화장실 가는 시간까지 꿰고 있다? 얼핏 웃음부터 나오겠지만 사실이다.

스포츠생리학에서는 정상적인 사람은 하루에 대변은 1번, 소변은 5번 내지 8번 본다고 한다. 그리고 외국에 갔을 때 시차 1시간을 극복하는 데 하루가 걸린다고 한다.

양궁 선수들은 국제대회에 출전하기 위해 출국할 때 단순히 경기 며칠 전에 출발하지 않는다. 시차에 따라서 언제 출발할 것이냐를 정한다. 가까운 나라는 괜찮지만 우리나라와 멀리 떨어져 있어 시차가 많이 나는 나라로 갈 경우, 예를 들어 아테네의 경우 우리와의 시차는 7시간인데 그러면 최소한 7일 전에 출발한다. 시차 1시간 극복에 하루가 걸리기 때문이다. 시차가 12시간이면 12일 전에 출발한다.

시차가 7시간 이상 차이 나는 나라에 갔을 때 있었던 사례다. 현지에 도착하고 사흘도 안 되어 선수 하나가 의기양양하게 내게 와서는 "저는 시차 적응도 다 됐고 컨디션이 좋으니 당장 내일부터 경기할 수 있습니다."라고 말했다. 그래서 선수의 컨디션 체크 리스트를 확인해 봤다.

그 선수는 한국에 있을 때 아침 7시경에 대변을 보던 습관이 있었다. 그렇다면 그곳에 도착해서 현지 시간으로 아침 7시에 화장실에 가야 완벽하게 적응했다는 소리다. 체크리스트를 보니 그 선수의 컨디션은 아직 완벽하지 않았다. 화장실 가는 시간이 아침 7시가 되지 않았던 것이다.

화장실 가는 시간만 체크해 봐도 그 선수의 컨디션이 몇 퍼센트나 올라왔는지 알 수 있다. 그리고 그 컨디션에 따라 훈련 양과 강도를 조절해 줘야 한다. 아무리 별것 아닌 것 같아도 이런 것을 무시했다가는 본선에 가서 분명히 실패한다는 것을 지도자는 잘 알고 있다.

선수들 각자 특성에 맞는 가장 적절한 프로그램을 만들어 주기 위해서는 지도자는 이처럼 사소하게 지나칠 수 있는 부분까지 세밀하게 관리해 줘야 한다. 선수 한 명 한 명을 '최고가 될 수 있는' 존재로 보고 최고의 기량을 낼 수 있도록 아주 사소한 것까지 최상의 컨디션을 만들어 주는 것이 지도자의 역할이다.

준비에 실패하는 것은 실패를 준비하는 것이다

전 세계 스포츠인들의 가장 큰 행사이자 양궁 선수들에게도 가장 중요한 경기인 올림픽은 4년에 1번씩 열린다. 하지만 4년이란 시간은 결코 짧은 시간이 아니다. 어떤 분야에서 무슨 일을 하든 목표를 향해 가는 기간이 길어지다 보면 목표의식이 느슨해지고 슬럼프에 빠질 수 있다. 양궁 선수들도 마찬가지다. 그래서 양궁에는 큰 대회가 끊이지 않고 이어진다. 1년 단위로 중요한 국제 대회가 열려 쉴 새 없이 평가가 이뤄진다.

일반인들에게는 잘 알려져 있지 않지만, 양궁 선수들에게는 올림픽만이 큰 대회가 아니다. 물론 올림픽이 가장 중요한 대회이긴 하지만 올림픽이 끝나면 세계선수권대회, 아시안게임, 다시 세계선수권대회, 이렇게 계속 대회가 이어진다. 그 사이의 기간들도 세분화해서 월별로 중간 점검을 끊임없이 계속한다. 월 2회에 걸쳐 선수 총괄 점검을 하고, 일일계획, 주간계획, 월간계획, 계간계획, 연간계획까지 체계적으로 철저히 관리한다.

선수들은 영광을 만끽하거나 실패에 좌절하는 시간보다는 다음을 위해 준비하는 시간이 훨씬 많다. 지도자들은 더욱더 철저한 준비로 매 순간을 보낸다.

나사NASA의 우주인들이나 하던 과학적인 시뮬레이션 훈련도 준비하지만 올림픽 경기장에서 쉬는 시간에 잠깐씩 틀어 줄 음악 CD까지 손수 챙기는 준비성, 그것은 남들이 생각하지 못했던 것, 남들은 쉽게 지나치는 것에서 힌트를 얻고 훈련 방법을 창안하는 상상력과 창의력을 발휘한 결과다.

결국은 상상력이 열쇠다. 대한양궁협회 세미나가 열릴 때 나는 상상력에 대한 이야기를 하며 두바이의 예를 들었다. 현재 두바이에는 전 세계 타워크레인의 20퍼센트가 모여 있다고 한다. VVIP Very Very Important Person라는 신조어를 만든 7성급 호텔, 인공섬, 해저 호텔을 짓게 한 두바이의 국왕 셰이크 모하메드는 "기획과 전략의 원천은 상상력과 창의력"이라고 말했다. 이와 같은 상상력과 창의력이 개인과 조직의 생산력과 경쟁력으로 직결된다.

양궁에서는 '설마 저런 것을 할까?' 싶은 새로운 훈련 방식을 지금도 끊임없이 개발한다. 대외적으로 보여 주기 위함도, 한두 번의 이벤트도 아니다. 고된 군사 훈련부터 최첨단 가상현실 체험까지, 결정적 순간에 실수를 최소화할 수 있는 정신 훈련, 팀워크 훈련 등 저마다 특별한 의미와 이유가 담긴 훈련들이다. 이런 훈련 방법들을 만들기 위해 늘 상상하고 아무도 생각하지 못하는 새로운 것을 생각해 내기 위해 노력한다.

남이 닦아 놓은 길을 달리기는 쉽다. 길을 닦으면서 새로운 것을 창조해 낸다는 것은 너무나 힘든 일이다. 하지만 주변에 널려 있는 작은 것들도 조금만 발상의 전환을 한다면 상상력의 원천은 무궁무진하다. 동네 아이들이 가는 오락실에도, 사람들과 사석에서 나누는 잡담 한마디에도 새로운 아이디어가 숨어 있다. 그런 사소한 데서 싹튼 아이디어들이 오늘날 한국 양궁 선수들의 기량을 만들어 가고 있다.

서거원의 Winning Secret 05

실패를 준비할 것인가?

NBA에서 88연승이라는 전무후무한 기록을 세운 농구 감독 존 우든은 이렇게 말했다.
"준비에 실패하는 것은 실패를 준비하는 것이다."
양궁 선수들이 하는 훈련들은 몸보다도 마음을 중무장하기 위한 만반의 준비다. 심적 고통을 이겨내는 마음의 힘줄이 강인해졌을 때, 선수 자신도 몰랐던 자신의 숨은 능력이 활짝 펼쳐진다. 그럴 때 흔들림 없이 날아간 화살이 타깃의 한가운데에 정확히 꽂힌다.

원칙의 기본은
'원칙'이다

⋮

경영은 최고경영자 CEO 혼자서 하는 것이 아니라 시스템을 갖춰 모든 사람이 함께하는 것이다.

_ 이구택, 포스코 회장

한국 양궁 조직문화에 없는 세 가지

"감독님은 입 다물고 계실 때가 제일 무서워요."

"맞아요. 전에 굉장히 화나셨을 때는 일주일 동안이나 아무 말씀도 안 하셨잖아요."

국가대표 감독 시절의 나를 떠올리며 후배들이 우스개 삼아 이런 이야기를 한 적이 있다. 선수들에게 화났을 때 '묵언'으로 일관하던 습관 때문일 것이다.

실제로 스포츠 감독이 선수들을 다룰 때 체벌이나 신체적 폭력으로는 절대 만들 수 없는, 표정과 언행을 통한 '카리스마'가 큰 효과를 발휘하는 경우가 많다.

선수들의 군기를 잡는다는 명목하의 체벌, 선수와 감독 간의 불미스러운 일들, 실력이 아닌 다른 조건에 의한 기용, 파벌과 비리, 폭언……. 스포츠계에서 이따금 들려오는 안 좋은 소식들은 모든 종류의 조직 사회에서 벌어질 수 있는 부정적인 일면을 적나라하게 보여 준다. 체벌의 경우 어떤 특성을 지닌 종목이냐에 따라 관행적으로 이루어지는 경우도 있다.

그러나 중요한 것은 체벌이 운동선수에게 얼마나 효과가 있느냐가 아니라 지도자가 어떤 마인드를 가지고 있느냐. 스포츠도 종목마다 개성과 특성이 다르고 조직문화도 다르지만 해당 종목의 지도자들이 어떤 생각을 갖고 있는지에 따라 전반적인 문화가 형성된다는 사실만은 틀림없다. '맞아야 정신을 차린다.'라는 마인드를 가진 지도자라면 때리지 않는 한 아무도 그 지도자의 말을 귀 기울여 듣지 않는다. 때려서 듣는다 하더라도 실은 그때뿐이다.

과학화, 창의성, 상상력, 최정상의 위치, 뛰어난 인재, 혀를 내두르게 할 정도로 치열한 훈련 등 한국 양궁은 그동안 여러 가지 소중한 자산들을 쌓아 왔다. 그런데 한국 양궁 조직문화에 없는 것이 있다. 비리, 부패, 그리고 폭력이다. 한국 양궁계의 이러한 조직문화가 하루아침에 만들어진 것은 아니지만, 결코 불가능한 일은 아니었다. 적지 않은 시간과 지도자들의 끊임없는 쇄신의 노력의 결과다.

올바른 조직문화를 만드는 관건은 결국 리더들이 전반적인 '분위기'를 어떻게 만들어 가느냐에 있다. 이 점은 어느 조직이나 마찬가지다. 분위기라는 것은 어느 한 사람이 '이렇게 하자.'라고 외친다고 해서 어느 날 갑자기 바뀌는 것은 아니다. 바꾸자는 목소리를 내서 그것을 강조하고, 그 목소리들이 점점 확산되는 과정에서 차츰 '분위기'라는 것이 만들어진다. 그러니 당연히 시간과 노력이 많이 들 수밖에 없다.

공론을 형성하라, 옳은 것이 결국 이긴다

한국 양궁에는 '궁우회'라는 이름의 전국적인 모임이 있다. 전국 양궁 지도자들이 가입되어 있는 지도자협의회로서 현재 가입된 지도자 수는 300여 명이다. 이익단체나 협회가 아닌 협의회의 형태로 꾸려 나가고 있는데, 정기적인 모임을 가질 뿐만 아니라 회비를 걷어서 환경이 어려운 양궁 선수들을 도와주기도 하고, 초등학생과 중학생 등 어린 양궁 새싹들이 참가할 수 있는 전국대회를 열어 주는 등 여러 가지 활동들을 펼친다.

　지금은 전국적으로 커다란 규모가 되었지만 처음에는 선수 겸 코치로 활동하던 젊은 지도자 9명이 만든 소박한 모임이었다. 1970년대 중반에 지방이 고향인 선수 겸 코치들이 '촌놈이라고 괜히 주눅 들지 말고 우리끼리도 한번 재미있게 뭉쳐 보자.' 해서 모인 것이 시초였다. 얼마 후 지방 출신뿐만 아니라 서울을 비롯한 여타 시도 출신의 코치들이 하나둘 모여 지역을 초월한 일종의 친목 모임으로 규모가 점차 커졌다.

　친목 도모를 겸해 모인 젊은 지도자들 사이에는 친목 도모 말고도 많은 이야기들이 오갔다. 특히 '양궁이 발전하기 위해서는 올바른 조직문화부터 만들어 나가자.' 라는 목소리가 높아졌다. 신뢰할 수 있는 지도자가 되자는 것, 원칙을 원칙대로 지키는 문화를 만들자는 것, 만약 옳지 않은 관행이 있다면 과감히 척결하자는 등의 이야기들이었다. 선수는 어디까지나 실력에 의해서만 평가되어야 한다는 것, 지도자는 실력뿐만 아니라 도덕성과 인격도 갖추어야 한다는 것은 사실은 너무나 당연하면서도 간과되기 쉬운 사회 원칙들이다.

　그때부터 시작된 '원칙적인 문화를 만들어 보자.' 는 목소리는 그 후 20여 년에 이르도록 일종의 '분위기' 라는 것을 만들어 갔다. 한 번 형성된 분위기가 정착되자 점차 원칙이 원칙으로서 지켜지는 것이 당연시되었다.

궁우회의 초창기 멤버들은 오늘날 현재의 한국 양궁을 이끈 1세대로 일컬어진다. 전국적인 규모로 발전한 지금은 40대 후배들이 주도가 되어 이끌고 있다. 리더들의 세대교체가 이어지는 가운데 '원칙을 지키자.'는 분위기는 계속 이어져 나가고 있다.

조직 내에 도덕성 바이러스를 퍼트러라

오늘날 한국 양궁의 힘의 원천에는 여러 요소가 있지만 그중 가장 중요한 것으로서 나는 '원칙에 충실한 것', '정도를 지키는 것'을 주저 없이 꼽을 수 있다. 이는 양궁계뿐만 아니라 스포츠계 전체의 문화를 바꿀 수 있는 원천이다.

양궁은 태릉선수촌에서 가장 먼저 스포츠와 과학을 접목한 종목이고, 여러 종목들 중에서도 가장 과학적인 최첨단을 달리는 종목이다. 이는 자타가 공인하는 부분이다. 그러나 과학적인 부분만이 아니라 양궁은 태릉선수촌에서 제일 먼저 민주화된 종목, 민주주의가 정착된 조직문화를 가진 종목이기도 하다.

조직 내의 도덕성과 민주화에 있어 가장 핵심적인 부분은 윗사람이 아랫사람을 어떻게 대하느냐에 있다. 코치나 감독이 아무 생각 없이 던진 말 한마디, 행동 하나가 선수에게는 인간적 모멸감과 모욕감을 줄 수 있고 나아가 양궁 선수 생활을 계속할 것이냐 말 것이냐 갈등까지 하게 만드는 치명적인 원인이 된다. 이는 상사와 부하의 관계, 선배와 후배의 관계, 심지어 가족 관계에서도 마찬가지로 적용된다.

"선수들을 인격적으로 대하라."

"냉철함을 잃지 않으면서도 선수를 인간적으로 배려하는 리더가 되자."

도덕성을 지키는 것, 윗사람이 아랫사람을 폭언과 폭력으로써가 아니라 같은 인간으로 대하는 것은 그 조직의 생명력을 길고 강하게 하는 원천이다.

어느 사회나 조직생활을 하는 사람이라면 갖춰야 할 세 가지 요소가 있다.

첫째, 엄격한 도덕성이다.
둘째, 신뢰감이다.
셋째, 자신의 역할에 최선을 다하는 성실성이다.

이 세 가지 기본 요소를 바탕으로 변화를 주도하며 비전과 목표를 제시하는 것이 한 조직의 리더의 자질이자 역할이다. 이러한 조직문화와 리더십 역량이 한국 스포츠계, 나아가 한국 사회 전체에 '당연한 분위기'로 정착되어 나가고, 그러한 '당연한 분위기'가 치명적이고도 강력한 바이러스처럼 사회 전체로 번져 나가는 것이 결코 불가능한 꿈만은 아닐 것이다. 한국 양궁을 보면 알 수 있다.

서거원의 Winning Secret 06

리더로 산다는 것

대통령은 대통령다워야 한다. 정치인은 정치인다워야 한다. 기업인은 기업인다워야 한다. 감독은 감독다워야 하고, 코치는 코치다워야 한다. 이러한 '다워야 열풍'이 확산되어야 한다.

리더라면 때로는 '지독하다'는 말을 들어야 한다.

실패를 두려워하면
내일은 없다

일 처리에 있어서 어제의 방식을 고수하는 사람들이 여전히 대기업 이사회의 자리를 차지하고 있다. 또 다른 사람들은 정치판에 모여 있다.
_ 앨빈 토플러, 『부의 미래』

잘못된 관행, 누군가는 싸워야 한다

인간은 변화를 두려워하는 속성이 있다. 조직의 상부로 갈수록 그런 경향은 커진다. 기존의 틀을 깨고 나왔을 때 감당해야 할 새로운 것에 대한 불안감, 안정적인 것을 뒤집어야 한다는 귀찮음, 실패에 대한 두려움이 커진다. 그래서 어느 조직에서나 직위가 높고 안정적인 지위에 있을수록 혁신을 거부하고 반대하고 눈을 가리는 경우가 많다.

하지만 조직의 리더나 상부 관료가 두려움과 자기 안위 때문에 변화를 거부하고 눈과 귀를 막는 그 순간부터 불합리와 불만이 조직 내에 누적되기 시작한다. 그러한 불합리가 특히 구성원들에 대한 처우로 연결되거나, 조직에서 오직 구성원들의 성과만을 지나치게 요구할 때 그 조직에는 보이지 않는 금이 가기 시작한다.

최고의 구성원을 만들려면 먼저 구성원들을 최고로 대해 줘야 한다. 이 원칙을 망각한 조직은 더 이상 발전하기 어렵다. 스포츠를 예로 든다면 선수에게 무조건 금메달을 따기를 요구하면서 선수에 대한 복지나 처우 수준은 개선시켜 주지 않는다면 정상을 향해 나아가기란 쉽지 않다. 실제로 많은 스포츠 종목에서 선수들에 대한 지원을 충분히 해 주지 않으면서 최고의 경기 결과만 요구하는 경우가 많다.

그럴 때는 그 틀을 깰 누군가가 필요하다. 아무 저항도 하지 않고 순탄하게 살 수 있다면 좋겠지만, 현실은 늘 변화를 요구한다. 세상은 하루가 다르게 바뀌는데 조직을 이끄는 사람들이 언제까지나 오래된 틀 속에 갇혀 있다면 그 조직은 고인 물이 썩듯이 금세 부패하기 마련이다.

스포츠 역시 마찬가지다. 조직문화가 얼마나 합리적이고 원칙적이고 건강한지 여부가 선수들의 성적으로 곧바로 연결된다. 오래된 틀 속에 갇혀 있는 조직문화를 가진 종목은 결국 성적이 부진해지고 국제무대 경쟁에 뒤처지게 될 것임은 불 보듯 뻔한 일이다.

 그러나 처음 틀을 깨려 할 때 주변에서 쏟아지는 견제와 질책, 질시, 압력의 강도는 엄청나다. 상사나 리더, 소위 '윗사람들'과 갈등을 빚기도 하고, 때로는 '눈엣가시' 같은 존재가 되거나 개인적인 불이익을 당할 수도 있다. 다른 사람들이 알아주지 않는 몹시 외롭고 힘든 시간을 겪을 수도 있다. 그것은 변화를 감행하기 위해 움직이는 자가 치러야 할 대가이기도 하다.

 변화를 제안했을 때 순순히 요구를 들어주는 '윗사람'을 만나기란 쉽지 않다. 개인의 이익과 연관되어 있는 탓이기도 하지만, 앞서 말한 것처럼 인간은 안정적인 위치에 있을수록 변화를 두려워하는 본능을 지니고 있기 때문이기도 하다. 잘못된 것을 바꾸자는 설득에는 많은, 때로는 혹독한 대가가 요구되기도 한다.

 그러나 해결책은 의외로 단순하다. 뭐든지 설득하면 언젠가 설득된다는 것이다. 변화시키려는 의지에 대해 얼마나 끈기를 갖고 있느냐가 관건이다. 개인적인 불이익을 감수하고서라도 하고자 하는 걸 관철시키는 의지의 문제다. 의지가 없으면 변화할 수 없다. 그러므로 변화를 위해서는 크든 작든 어느 정도의 고통을 각오해야 한다.

 조직을 개혁시키고자 할 때 가장 강력한 무기는 어느 경우에든 '끈질김'이다. 남들 보기에 '정말 징그럽다.' 싶을 정도의 끈질김,

그리고 초심을 잃지 않는 기다림이다. 요구를 관철시켜야겠다고 작정했을 때, 기회가 있을 때마다 당사자를 직접 찾아가 간곡하고 정중하게 내 진심을 다해 청하고 부탁하는 '끈질김'을 얼마나 오래, 그리고 진정성 있게 이끌어 나가느냐에 달려 있다. 한 달이 안 되면 여섯 달, 그게 안 되면 1년 넘게 계속 찾아가 같은 내용을 반복, 또 반복해서라도 끊임없이 주장하고, 설득하고, 기다리고, 기다리다 안 되면 또 설득하고, 그런 과정을 되풀이하는 것은 쉬운 일은 아니지만 얼마든지 할 수 있는 일이다. 또한 누군가는 해야 할 일이다.

끈질김과 더불어 갖추어야 할 또 하나의 무기는 자기 자신의 '실력(역량)'이다. 개혁을 하자고 단지 주장만 할 게 아니라, 반대하는 사람들을 고개 숙이게 만들 정도로 뛰어난 실력을 갖추고 있어야 한다. 성과와 실력 앞에서는 당할 자, 당할 세력이 없다.

리더가 변하지 않으면 조직은 절대 변하지 않는다. 리더의 경직된 마인드로 인한 잘못된 관행을 혁신하기 위해서 가져야 할 무기는 끈기와 확신, 진심과 실력이다. 어떤 경우라도 진심은 통한다. 진심이 곧 진실이자 정의다.

스스럼없는 소통은 변화의 싹이다

시어머니 때문에 고생했던 며느리가 시어머니가 되면 더 무서워지고, 졸병 때 심하게 구박받았던 사람이 고참이 되면 한 술 더 떠서 못된 고참이 된다는 말이 있듯이, 신분이 바뀌자 사람이 하루아침에 돌변하는 경우가 있다. 하지만 신분이 바뀌었다고 자신의 '올챙이 적' 시절을 잊어버리는 사람은 알고 보면 실력이 없는 사람, 주관이 없는 사람이다.

소통은 신뢰를 낳고 신뢰는 다시 소통을 낳는다. 리더는 팔로워 follower 들이 언제든지 마음을 열어 놓고 이야기할 수 있는 존재여야 한다. 올챙이 적 시절을 잊지 않는 개구리여야 한다. 예의와 격식은 허물지 않되 언제나 소통이 이뤄질 수 있고 아래로부터의 목소리를 가장 먼저 들을 수 있는 열린 마음을 가져야 한다. 리더는 24시간 팔로워들의 의견을 경청할 준비가 되어 있어야 한다. 리더가 직급과 신분으로 인한 권위의식에 사로잡히는 순간 팔로워들의 마음은 닫힌다.

리더와 팔로워들 간에 소통이 이뤄지지 않는 조직, 상호 간에 의사소통의 기회가 드물고 기회가 오더라도 아랫사람들이 윗사람에게 감히 말을 꺼낼 수 없는 분위기가 만연된 조직은 기계에 녹이 슨 공장과 같다. 겉으로는 돌아가는 것처럼 보이는데 사실은 삐걱거리고 있는 것이다. 그 공장을 운영하는 리더가 그 소리에 귀 기울이지 않으면 그 공장은 이내 멈출 것이다.

국내외의 크고 작은 대회가 열릴 때마다 양궁 지도자들은 다 같이 모여 식사와 술을 나눈다. 물론 이러한 '회식' 자리가 없는 조직은 없겠지만, 한국 양궁계에서는 이 자리가 의견 개진의 장, 대화의 기회라는 점에서 중요하다. 지위 고하를 막론하고 많은 이야기들이 오간다. 회식이라고 해서 고급스런 가게에서 비싼 술을 마시며 흥청망청 취하는 게 목적이 아니다. 소박하고 허름한 곳이라도 윗사람과 아랫사람이 모두 어울릴 수 있기만 하면 된다.

한국 양궁계에서는 선수와 지도자들, 지도자와 지도자들, 직급의 높고 낮음을 떠나 모든 구성원들이 대화할 수 있는 분위기가 자연스럽다. 경기장 안에서는 말도 못 붙일 정도로 어려워하더라도 그런 자리에서는 같이 어깨동무를 할 수 있을 정도로 스스럼없는 분위기가 저절로 만들어진다. 그런 문화가 아니라면 평소 속에 담아 두었던 자기 의견을 펼치기도 불가능할 것이다. 회식을 한 다음날 아침에는 다 같이 등산을 하기도 하는데, 산에 올라가서도 선후배 지도자들과 많은 이야기들을 나눈다. 현재의 불만, 개선점, 선수들 환경에 있어서 제안하고 싶은 것들을 서로 이야기하고 서로 경청한다.

이 과정에서 나온 안건들은 될 수 있는 한 해결하려고 노력한다. 논의를 거쳐 건설적이라고 판단되는 사안, 특히 양궁 선수들의 성적을 단 1점이라도 올릴 수 있는 사안이라면 무조건 실행하려 한다. 지금 당장 실행하기 어려운 것들에 대해서는 의견을 내놓은 당사자에게 왜 지금 당장은 안 되는지, 그렇다면 언제까지 할 수 있는지, "올해는 어렵고 내년에는 반드시 할 테니 이해해 달라. 내가 꼭 해결할게."라고 설득하고 약속한다. 그리고 그 약속을 잊지 않는다.

이러한 소통의 장을, 리더 자신이 미처 생각하지 못한 창의적인 아이디어들을 팔로워들에게 얻을 수 있는 기회로도 활용해야 한다. 바람직한 리더는 팔로워들의 불만이나 제안 사항을 한발 앞서 갈 수 있는 사람이다. 아랫사람이 어떤 제안을 했는데 이미 그것을 개선해 놓았거나 개선을 염두에 두고 있을 때, 그럼으로써 팔로워가 "아, 그래요? 그걸 언제 바꾸셨어요?" 하면서 반가워하는 마음이 절로 들게 할 때, 그 리더는 존경을 받는다.

구성원들을 깊이 생각해 주는 리더, 오히려 아랫사람들이 생각을 못했던 것을 먼저 알아서 처리해 주는 리더를 사람들은 자발적으로 따르게 되어 있다.

상사가 주선하는 회식 모임이 있다고 했을 때 구성원들이 '어떻게 하면 참석을 안 할 수 있을까?' 궁리부터 하는 조직, 만남의 시간을 기피하는 분위기가 만연한 조직은 소통이 단절되어 있는 조직의 가장 대표적인 모습이다. 가장 말단의 구성원에서부터 가장 높은 직위의 리더까지 자발적으로 '나올 맛'이 나지 않는 회식 분위기를 가진 조직은, 회사 밖 회식 자리가 아닌 회사 내부의 기능에 있어서도 분명히 문제점을 안고 있을 것이다.

조직에서 가장 중심적인 존재는 고위직에 있는 사람들이 아니라 가장 낮은 위치에 있는 사람들이다. 스포츠계에서는 가장 젊은 선수들, 이제 막 성장하기 시작한 막내 선수들이 여기에 해당한다. 나이가 많고 직급이 높아질수록 대접을 받으려고 하는 게 보통이지만, 대접을 받으려면 대접을 받을 만큼의 행동을 해야 한다. 리더로서의 의무는 다하지 않고 권한만 찾으려 한다면 그것은 리더라는 위치에 대한 오해다. 리더 자신이 리더라는 지위에 대해 오해를 할 때 조직 운용에 문제가 생긴다.

끊임없는 위기의식을 가져라

한국 양궁은 1984년 LA 올림픽 때부터 지금까지 25년간 세계 정상의 자리에 서 있다. 그래서 많은 국가들이 호시탐탐 한국을 제치고 정상에 오르기 위해서 갖은 노력을 하고 있다. 그래서 우리가 아무리 획기적인 훈련법을 개발해도 5~6개월이 지나지 않아 바로 다른 국가에서 벤치마킹한다. 그들이 우리를 벤치마킹하고 있는 사이에 새로운 것을 개발하지 않으면 손쉽게 따라잡힌다. 최근에는 일본, 중국이나 대만, 인도 등 아시아 지역 선수들의 기량이 급속히 발전해 한국 선수들을 위협할 정도가 되었다.

개인이나 조직이나 가장 무서운 것이 매너리즘이다. 계속 정상에 서 있기 위해서는 늘 새로워져야 한다. 끊임없이 위기의식을 가져야 한다. 발전을 멈추지 않게 할 새로운 동력을 찾아내야 한다. 리더와 구성원들, 지도자와 선수들 모두가 마찬가지다. 지금까지 해 왔던 것에서 과감하게 틀을 깨고 나갈 수 있는 발상의 전환과 변화가 지금 이 순간에도 필요하다.

정상에 서 있다고 해서 자부심이 자만심으로 변질되어 갈 때 발전은 즉시 멈춰지고 정상의 위치는 물 건너간다. 획득하는 것보다 유지하는 것이 훨씬 어려운 게 최고의 자리다. 한 번 정상의 자리를 차지하고 나면 그다음부터는 끊임없이 '위기론'이 대두되며, 위기론이 진짜 위기가 되는 것은 한순간이다.

고인 물은 썩게 마련이듯 변화하지 않으면 부패와 침체가 온다. 조직 내의 자기 위치에서 자리보존이나 하자는 생각을 갖고 있을 경우, 처음 한동안은 자리보존이 가능할 수 있다. 그러나 2년이 지나고 3년이 지났을 때, 함께 생활했던 구성원들이 과연 그를 진정한 리더로 인정해 줄지는 의문이다.

혁신이란 당장은 불편하고 귀찮다. 누구나 새로운 것에 대한 불안을 본능적으로 가지고 있지만, 변화를 시도했다가 실패할까 봐 두려워한다. 발전을 멈추고 퇴보를 해도 상관없다면 변화를 두려워하지 않아도 된다. 하지만 변화 없이는 발전도 없다. 어느 분야에서 무슨 일을 하든 그렇다.

가장 중요한 것은 일관성이다. 일관성 없는 혁신가는 신뢰를 얻기 어렵다. '나는 아직 지위가 낮으니까, 나는 아직 불안정한 위치에 있으니까 몸조심하고 있다가 나중에 혁신하고 변화해야지.' 라고 생각할 수도 있다. 그러나 자신이 어느 지위에 올랐다고, 안정적인 위치에 올라섰다고 해서 갑자기 그때부터 "변화하자!" "혁신하자!" 하고 목소리를 높인다면 사람들은 그를 혁신가로 보는 것이 아니라 '지위가 바뀌니 사람이 갑자기 변했다.' 라고 생각한다. 반대로 가장 밑바닥에 있을 때부터 한 목소리를 내고 일관된 주장을 하던 사람이라면 '아, 저 사람은 원래 옛날부터 변화하자고 몸부림치던 사람이다.' 하고 사람들이 고개를 끄덕인다. 일관성이란 곧 그 사람의 진심과 열정을 반영하는 모습이기 때문이다.

개인 한 사람이 거대한 틀을 깨기란 힘들다. 하지만 한번 깨지기 시작하면 틈 하나가 조금씩 허물어지기 시작한다. 한구석이 허물어지는 순간 변화는 시작된다. 그다음부터는 거대한 물줄기가 되어 흘러가고, 물줄기에 가속도가 붙는다. 모든 사회에서, 역사에서, 더 나은 것으로의 변화는 항상 그런 식으로 이뤄져 왔다. 한국 양궁 역시 그러했다.

• 서거원의 Winning Secret 07 •

마음의 힘

나사에서 우주인 교육을 맡았던, 유명한 동기부여가 데니스 웨이틀리 박사는 올림픽에 참가하는 선수들을 대상으로 심리 테스트를 한 적이 있다. 데니스 박사는 선수들에게 마음속으로 올림픽 경기에 참여하는 모습을 상상해 보라고 시켰다. 그런데 선수들이 달리는 모습을 생각했을 때 실제로 달리는 것처럼 근육이 반응했다고 한다. 몸이 앉아 있는데도 생각만으로 육상이 가능했던 것이다. 어떻게 이런 일이 가능한 것일까?

데니스 박사는 인간의 뇌가 실제로 뛰는 것인지 그냥 머릿속으로 연습만 하는 것인지 분간을 하지 못한다고 말한다. 즉 마음속으로 어떤 영상을 그리면 그 영상이 실제로 나타나는 것이다. 마음속으로 생각하는 것이 그만큼 영향력을 발휘하는 것이다.

꿈을 믿는 사람은 실패하지 않는다.

아는 것이
최고의 역량이다

●
⋮

상대방을 설득하려면 상대방이 그걸 눈치 채지 못하도록 교묘하게 해야 한다. '가르치지 않는 척하면서 상대를 가르치고, 만약 상대방이 그 사실을 모르더라도 그가 그것을 잊어버린 걸 생각나듯이 말하라.' 이것이 비결이다.

_ 데일 카네기, 『적을 친구로 만들어라』

합숙소 화장실에 쪼그리고 앉아 책을 읽다

"서 전무님은 어쩜 그렇게 책을 많이 읽으세요?"

우연한 계기로 몇 해 전부터 시작하게 된 기업체 강연 때마다, 강의를 들은 사장이나 임원들로부터 이런 이야기를 자주 듣는다. 실제로 많은 기업들에서 직원들 독서경영을 위해 고민하고 있는 것을 볼 수 있었다.

아무리 못 읽어도 일주일에 최소 한 권, 1년에 기본적으로 오십 권 이상의 책을 읽는다는 나의 원칙에 대해 의외로 많은 사람들이 신기한 눈으로 바라본다. 또한 그렇게 하기가 쉬운 일이 아니라고 여기는 듯하다.

독서경영이라고 해서 책을 읽고 감상문을 쓰는 등 거창하게 하는 것이 아니다. 늘 일분일초를 다투는 와중에도 책을 읽고 감명 깊었던 구절들을 수첩이나 포스트잇에 메모해두고 활용하려 노력할 뿐이다.

양궁 시합은 지방에서 자주 열린다. 서울에 큰 양궁장이 없는 데다 주요 양궁장이나 경기장이 지방에 있기 때문에 크고 작은 대회를 치를 때마다 지방으로 움직여야 한다. 지방에 가면 경기장 인근의 모텔 방을 선수들과 감독, 코치의 숙소로 이용하는 경우가 많다. 그런데 이런 모텔에 가면 다른 건 다 괜찮은데 딱 한 가지 불만인 게 있다.

바로 불빛이다. 방 안의 불을 있는 대로 다 켜도 여전히 어두컴컴하다. 그 불빛 아래에서는 책 읽기가 불편하기 때문이다.

코치나 선수들이 내 방에 왔을 때 내가 방 안에 안 보여서 어리둥절해할 때도 있었다. '분명히 방 안에 계신 줄 알았던 감독님이 어디로 사라지셨나?' 그럴 때 나를 발견할 수 있는 장소는 대개 화장실이다. 그래서 우연히 화장실 문을 열었다가 다들 깜짝 놀란다.

"아니 감독님, 거기서 뭐 하시는 겁니까?"

"응, 책 읽느라고."

방은 불빛이 어두운 데 비해서 화장실은 불빛이 훨씬 환해서 책 읽는 데는 방보다 화장실이 오히려 낫다. 그래서 책을 들고 화장실에 들어가서 변기뚜껑을 덮어 놓고 그 위에 올라앉아서 독서삼매경에 빠져 있곤 했다. 화장실은 조용하고 환해서 독서하기에 참 좋은 장소다.

독서는 내 양궁 인생의 중요한 자산이다. 흔히들 운동하는 사람들은 책도 읽지 않고 무식할 것이라는 편견이 있다. 하지만 지금의 나를 만든 양식이 밥이 아니라 책에서 나왔다고 할 수 있을 정도로 책 읽기를 좋아하고 또 매우 중요시해왔다.

책을 붙들고 있는 것과 더불어 '메모'는 내 몸에 밴 또 하나의 중요한 습관이다. 책을 읽다 인상 깊은 구절에 밑줄을 긋거나 색지를 끼워 표시를 해 두는 것 이외에도 반드시 메모를 해 둔다. 기억에 남는 문구, 감동을 주는 글귀들, 선수들에게 들려주면 좋겠다 싶은 문장들, 기업체 강의를 할 때 활용하면 좋을 것 같은 인용구들, 그리고 책을 읽고 나서 머릿속에 떠오른 나만의 생각들을 그때마다 수첩이나 메모장에 적은 다음 아예 통째로 외워 둔다.

일주일에 책 한 권 읽기

양궁 선수와 지도자들에게 책은 큰 도움을 준다. 인생에 대한 계획을 세울 때, 책을 통해 보고 느끼고 배울 수 있는 점이 무궁무진하다. 또한 책은 선수로서의 내면을 넓혀 주고 자기성찰을 하게 만든다. 양궁 선수들은 직관이 굉장히 뛰어나고 머리가 좋은 사람들이다. 순간순간의 직관력과 판단력이 고도로 발달하지 않으면 활을 제대로 쏘기 어렵다. 체력과 지력이 조화되지 않은 사람은 양궁 선수로 살아남기 어렵다. 그래서 양궁이라는 스포츠는 하면 할수록 어려운 운동이라고들 말한다. 운동선수들은 무식하다거나 무식해도 된다는 발상은 이미 구시대적 편견이다.

그런데 언제부턴가 젊은 선수들이 쉬는 시간에 하나같이 똑같은 자세와 행동을 취하고 있다는 사실을 발견했다. 쉬는 시간 내내 핸드폰만 들여다보고 앉아서 게임을 하거나 문자 메시지를 보내며 시간을 보내는 게 아닌가.

그래서 선수들의 손에 핸드폰 대신 책을 들도록 해야겠다고 결심했다. 그렇다고 책을 읽으라고 명령을 하거나 강요를 한 것은 아니다. 사실, 억지로 시킨다고 될 일도 아니다. 대신 나는 책을 읽는 내 모습을 통해 선수들의 변화를 자연스럽게 유도하는 방법을 선택했다.

쉬는 시간에 몇 명의 선수가 모여 있으면 책에서 읽은 내용 한 구절을 지나가는 말처럼 이야기해주곤 했다.

"'애벌레가 번데기 시절 없이 어떻게 어둠에서 나비의 자유를 얻겠느냐', 이 말 멋있지 않냐?"

특히 운동선수들에게 도움이 될 만한 내용들, 스포츠와 관련된 구절들은 선수들과 대화를 나누는 도중에 수시로 들려주었다.

"방금 읽은 책에 이런 내용이 있더라. 열정의 무서운 적은 태만이고 자포자기고 매너리즘이다. 그러니까 너희도 좀 더 열정을 가지고 해 봐. 작고 사소한 승리는 남과의 싸움이지만 진정한 승리는 자기와의 싸움에서 온다는 말도 있지 않냐?"

감독이 일상적으로 책 읽는 모습을 보이자 선수들도 하나둘씩 책을 들기 시작했다. 독서에 있어서도 리더가 롤 모델 역할을 해주는 게 중요하다. 핸드폰만 들여다보고 있던 선수에게는 지나가다가 농담처럼 한마디 건네기도 했다.

"야, 책 많이 보는 사람 치고 악인은 없더라. 정 책 보기 싫으면 무협지라도 한번 읽어 봐."

언제부턴가 만들어진 책 읽는 분위기는 국가대표 선수들 사이에서도 이어져 갔다. 훈련과 연습으로 바쁜 나날을 보내는 선수들이지만 일주일에 한 권쯤 읽을 수 있는 분위기가 만들어졌다. 한 팀이 4명이니 각자 한 달에 한 권씩만 구입해도 같이 돌려 보면 한 달에 네 권을 읽을 수 있다. 자기가 읽은 책 제목과 저자 이름을 적어 놓으면 자연스럽게 독서 목록도 만들어진다.

물론 큰 대회가 임박한 선수가 꼬박꼬박 책을 챙겨 읽기는 현실적으로 어렵다. 단, 리더인 내가 일주일에 최소한 책 한 권은 읽고 있기 때문에 독서 문화는 끊이지 않고 꾸준히 이어질 수 있었다. 독서 문화라는 것은 강압으로 이루어지는 것이 아니기 때문에 그 정도로도 충분했다.

계양구청 양궁팀 내에서도 독서는 자연스러운 습관이 되어 있다. 88서울올림픽 남자 개인전 은메달리스트이자 현재 계양구청 코치로 있는 박성수 코치도 책에 대해서는 일가견이 있다. 책 읽기를 낯설어하던 그도 한 권 두 권 읽기 시작하더니 이제는 자신이 지도하는 선수들에게 먼저 책을 권하고 좋은 구절도 일러줄 정도로 독서광이 됐다. 어린 자녀들의 아버지가 되고부터는 자녀교육에 대한 책들도 열심히 찾아 읽는 눈치다. 경기에 나가는 선수들에게 책 선물도 자주 한다.

대회에 출전하는 선수들에게 책은 괜찮은 소일거리가 되어 주기도 한다. 휴식 시간에 마음을 차분하게 안정시켜 주기도 하고 잡념을 없애주는 데도 좋다.

서로 책을 선물하는 문화, 쉴 때면 앉아서 습관처럼 책을 펼쳐 드는 문화는 한 번 만들어지기만 하면 물이 스며들듯이 자연스럽게 구성원들 사이로 퍼져 나간다. 꼭 어려운 책, 심각한 책이 아니어도 상관없다. 책을 드는 문화, 책에 대해 이야기할 수 있는 문화 자체가 우리 인생에 있어 좋은 양식이 되어 준다.

서거원의 Winning Secret 08

나를 발전시키는 시간관리 7계명

1. 먼저 '오늘의 할 일' 목록을 작성하라. 가장 중요한 일들을 먼저 기록하여 우선으로 달성하도록 하라. 그것이 차곡차곡 쌓여 더 큰 성공의 발판이 될 수 있기 때문이다.
2. 아침 시간과 자투리 시간을 잘 활용하라. 남는 시간을 얼마나 현명히 활용하느냐에 따라 성과가 달라진다.
3. 직장에서 상사가 명령을 한다고 무조건 "예스"라고 말하지 마라. 단기적인 관점과 장기적인 관점을 종합적으로 고려해서 일의 우선순위를 매겨야 한다.
4. 불필요한 일로 취침시간을 버리지 마라. 시간을 잘 활용하라고 하면 잠을 줄이는 사람들이 많다. 어리석은 일이다.
5. 나의 일정을 스스로 컨트롤하라. 퇴근 후의 술자리나 약속은 다음날의 일정을 마비시켜 버리므로 반드시 필요하지 않은 일이라면 간단하게 끝내거나 참석하지 않는 것이 좋다.
6. 고민하는 데 시간을 낭비하지 마라. '장고 끝에 악수 나온다.'는 말을 기억하라.
7. 균형을 지켜라. 그리고 현실적인 목표를 세워라. 현실적이지 못한 목표를 세우면 실패를 하게 된다.

― 이영권, 『부자 가족으로 가는 미래설계』

2부

한 발의 냉정, 천 발의 열정

열정은 개발 가능한
후천성이다

화살 한 발 한 발에는 선수들의 피눈물과 미래가 걸려 있다.
_ 서거원의 독서노트에서

동이족이어서가 아니다

가끔 양궁에 대한 언론 기사 중에 근거 없는 이야기가 그럴듯하게 실리기도 한다. 가장 흔한 것이 한민족이 동이족이라서 전통적으로 활을 잘 쏘는 피를 물려받은 후예인 탓에 우리나라 양궁이 세계 정상에 올랐다는 식의 내용이다. 그러나 양궁을 조금이라도 아는 사람이라면 이 말에 피식 웃고 말 것이다.

활은 전 세계 어느 민족이나 가지고 있는 오랜 역사를 가진 도구로서 사냥 등 의식주를 해결하기 위한 용도로 자연발생적으로 만들어진 도구이자 총이 발명되기 전까지 전 세계적으로 널리 쓰였던 주 무기이다.

지역이나 민족적 특성에 따라 조금씩 변형되어 있긴 하지만 어느 나라에나 그 민족 고유의 활 유산이 있다. 우리나라에도 활 잘 쏘는 주몽 같은 역사적인 인물에 관한 이야기가 있듯이 다른 민족에게도 활 잘 쏘는 선조에 대한 다양한 전설과 역사가 있다. 그리스 로마 신화는 말할 것도 없고, 영국에도 활 잘 쏘는 의적 로빈 후드 이야기가 있다. 중국과 일본, 페르시아, 그리고 인디오에게도 활에 대한 역사와 신화들이 있다. 러시아 사람들은 자기네 선조들이 세계에서 가장 활을 잘 쏘는 민족이라 자랑한다.

그러니까 우리 민족이 동이족이라거나 동이족의 핏줄이라서 우리 양궁 선수들이 활을 잘 쏜다는 이야기는 사실은 좀 억지스러운 얘기다.

전 세계적으로 활은 크게 세 가지 종류로 나뉜다. 몽골리안형, 유러피안형, 피치오형이다. 우리나라의 전통 활인 국궁은 몽골리안형에 속하고, 피치오형은 인디오들이 쓰던 활이다. 그리고 유럽 지역 사람들이 쓰던 유러피안형 활이 바로 지금의 양궁이다. 양궁은 서양인들이 자신들의 활을 가지고 자신들의 골격에 맞게 만든 서양 스포츠 종목이다. 그러니 당연히 양궁 자체는 서양인들의 골격에 맞다.

우리 선수와 유럽 선수는 골격이 많이 다르다. 동양인은 어깨에서 팔꿈치까지의 길이가 길고 팔꿈치에서 손까지의 길이는 짧은 반면, 서양 선수는 키가 작은 선수일지라도 팔이 굉장히 길고 활을 당겼을 때 팔을 일직선이 되게 그대로 뻗을 수 있다. 팔을 일직선으로 뻗어야 쏠 때 집중력이 생긴다. 하지만 동양 선수는 체형상 팔을 뻗었을 때의 모양이 서양 선수와 다르고 팔에 각이 생긴다. 그래서 우리나라 사람 골격에는 몽골리안형인 국궁이 잘 맞다. 역으로 말하면 양궁은 동양 선수들이 쏘기에는 굉장히 불리한 활이라는 소리다.

그러므로 우리 선수들이 양궁에서 좋은 성적을 내는 것은 민족적이거나 선천적인 것과는 아무 상관이 없다. 차분하고 선적인 동양문화와 연관 짓는 글들도 가끔 있지만 이 역시 근거 없는 얘기다. 오늘날 젊은이들의 문화와 생활과 사고방식은 이미 서구화되어 있기 때문이다. 한국 양궁 선수들이 보여 주는 뛰어난 성적은 어디까지나 치밀한 전략, 엄청난 훈련 양, 피나는 노력의 결과일 뿐이다.

후천적 열정이 선천적 재능을 압도한다

"여자 양궁 단체 결승전, 마지막으로 한국 선수의 차례만 남았습니다."

소란스럽게 야유를 외치던 관중의 소음이 쥐 죽은 듯 조용해졌다. 햇빛이 따갑게 내리쬐던 올림픽 양궁 경기장 장내는 물을 끼얹은 듯 정적이 흘렀다. 마이크에서 들리는 아나운서의 목소리마저 바싹 긴장해 있는 것만 같았다. 우리와 맞붙었던 상대 국가 선수들의 차례도 끝나고 마지막으로 우리 선수가 쏠 단 한 발의 화살만이 남았다.

70미터 전방에 있는 타깃 한가운데, 지름 12.2센티미터인 10점짜리 원 안에 꽂아 넣으면 딱 1점 차이로 우리가 금메달을 딸 상황이었다. 그러나 10점에서 1밀리미터라도 비껴나 9점에 쏘면 동점이 되어 재경기를 해야 하고, 8점 이하로 쏘면 지게 되어 있었다.

10점이냐 아니냐의 결정적인 순간, 손에 땀을 쥐는 순간이었다. 선수보다도 관중들이 긴장해서 주먹을 꽉 쥐었다. 우리 선수의 집중력을 흩뜨리기 위해 경기 내내 방해 작전을 펼치던 상대 국가 선수들조차 얼어붙은 듯했다. A선수가 쏘는 한 발의 화살이 10점 안에 꽂히느냐 아니냐에 모든 게 달려 있었다. 회오리바람이 강하게 불고 있어서 더욱더 안 좋은 상황이었다. 10점에 쏠 수 있을 것이냐 아니냐!

너나없이 숨이 딱 멎었다. 그러나 A선수는 눈빛 하나 흔들리지 않는 카리스마로 차분하게 활시위를 당겼다. '탕' 하고 화살이 날아갔다.

결과는 10점! 1점 차이로 극적으로 한국이 금메달을 획득했다. 서로 얼싸안고 난리가 났다. 역시 한국 여자 양궁이다, 역시 한국이다! 4년 동안 하루에도 몇 번씩이나 죽어 버리고 싶고 주저앉아 버리고 싶을 정도로 힘든 훈련 과정과 고된 시간들을 견디고, 피를 말리는 그 순간에도 눈썹 하나 까딱 하지 않는 엄청난 강단을 보여 주는 우리의 태극전사다!

시상식이 끝나고 선수촌으로 돌아오는 차 안은 축제 분위기였다. 나는 A선수에게 넌지시 물었다.

"솔직하게 한번 대답해 봐라. 너 아까 그 순간에 무슨 생각을 했느냐?"

나는 이런 대답을 예상했었다.

'우리가 누굽니까, 4년 동안 대단한 훈련을 이겨내지 않았습니까, 이 정도는 아무것도 아닙니다. 제 화살 하나에 온 국민의 희망이 담겨 있을 거라는 마음으로 쐈습니다!'

그러나 그 선수의 첫 마디는 뜻밖이었다.

"아아, 감독님, 아무 생각도 안 나고 죽는 줄 알았어요!"

그 숨 막히는 순간에도 차분하고 담담하게 경기에 임하던 A선수의 모습을 떠올려 보면 도저히 생각할 수 없는 반응이었다. 꽉 다문 입매로 겉으로는 카리스마를 보여 주었지만 속으로는 엄청나게 무서웠던 것이다. 고국의 부모님과 가족이 떠오르면서 다리가 후들거릴 정도로 공포에 휩싸여 있다가 문득 지난 4년간 훈련하면서 가장 힘들었던 시간들을 떠올렸다. 그러자 오히려 마음이 가라앉았고 그순간 바로 활을 쏘았다. 그렇게 날아간 화살이 10점 타깃에 들어갔다.

그 선수가 원래부터 대단한 카리스마를 타고나서 아무렇지 않게 10점에 화살을 꽂을 수 있었던 게 아니었다. 머릿속이 새하얗게 되는 그 순간에 순간적 집중력과 승부 근성, 목표를 꼭 이루고 말겠다는 열정을 발휘한 것이다. 그것은 순전히 후천적인 노력이 맺은 결실이었고, 노력하고 또 노력한 끝에 나온 결과였다. 후천적으로 만들어진 노력과 열정이, 그 죽을 것 같은 순간에 담담하게 집중해서 활을 쏠 수 있게 한 것이다.

태극전사들이라고 해서 무서움을 모르고 긴장도 하지 않는 초인들이 결코 아니다. 공포와 긴장을 이겨내기 위해 4년 내내 피땀을 흘린 평범한 젊은이들이다.

우리나라 양궁 선수들은 지독한 연습벌레다. 보통 활 하나에 2.5~4kg의 무게가 나가는데 운동으로 여간 단련되지 않은 보통 사람 같으면 몇 분만 들고 있어도 팔이 아파서 못 견디고 내려놓는다. 그런 활을 하루 종일 들고 하루에 몇 백 발씩 쏜다. 큰 경기가 있건 없건, 올림픽을 준비하는 국가대표 선수든 실업팀 소속의 일반 선수들이든 평소에는 하루에 300~600발을 기본으로 쏜다. 큰 경기를 준비하며 연습에 주력할 때는 많게는 하루 1,000발까지 쏜다. 그런데 외국 선수들이 하루에 쏘는 평균 발수는 100발에 불과하다. 연습량에서 벌써 비교가 안 된다.

그렇게 매일 새벽부터 저녁, 그리고 저녁 식사 후 야간훈련까지 꼬박 훈련을 한다. 숨이 깔딱 넘어갈 것 같고 바로 다음 순간 혼절해 버릴 것 같은, 인간의 한계를 넘나드는 것 같은 한계 상황을 하루에도 몇 번씩 넘기고 나서 손가락 하나도 움직이지 못할 정도로 완전히 녹초가 된 몸을 이끌고 숙소로 돌아온다.

잠시 휴식 시간을 갖고 나면 소등 시간이 되므로 잠자리에 들어야 한다. 그런데 옆에서 TV를 보던 동료가 말없이 밖으로 나간다. 10분이 지나도 20분이 지나도 안 들어온다. 그러면 같은 방에 있던 다른 동료도 나간다. 옆방 동료가 왔다가 아무도 없으면 그 동료도 또 나간다. 남들 다 자는 야밤에 양궁 선수들 숙소는 텅 비어 있다.

감독이 숙소에 왔다가 아무도 없는 것을 보고는 "이 녀석들 또!" 하면서 고개를 절레절레 젓는다. 그러고는 훈련장에 올라간다. 아니나 다를까 야밤에 환하게 불을 켜 놓고 선수들이 야간 훈련을 하고 있다. 낮 동안 언제 그 고된 훈련들을 했냐 싶은 표정으로 진지하게 활시위를 당기고 있다.

'남이 100발 쏠 때 나는 1,000발을 쏜다.'

한국 양궁 선수들의 숨은 비결은 오직 그것뿐이다. 남들보다 10배 더 노력하는 열정이다.

'행운' 대하기를 돌같이 하라

'운'에 대해 얘기하는 사람들이 있다.

"나는 항상 운이 없어."

"저 사람은 실력은 없는데 항상 운이 좋아서 나보다 잘나간단 말이야."

양궁은 운과 연관 짓기 쉬운 스포츠다. 저 멀리서 날아온 화살이 타깃 한가운데 꽂히려면 그래도 운이 좀 따라 줘야 하지 않을까라고 생각하는 사람이 많다.

그러나 평생을 양궁에 투신하며 살아온 나는 다른 건 몰라도 이점 하나만은 확실히 말할 수 있다. "스포츠에 운은 없다." 얼핏 볼때 그냥 운 좋게 타깃 한가운데를 맞힌 것처럼 보일지라도 그 어느 경우에도 우연이나 운은 괜히 따르지 않는다. 얼마나 노력했느냐, 얼마나 열정을 쏟아 부었느냐에 따라 부수적으로 운이 따를 뿐이다. 말 그대로 운이라는 것은 노력을 해도 생기고 안 해도 생기는 것일지도 모르나, 노력 없이 얻은 운은 있다 하더라도 무가치하다.

재능이 부족하더라도 노력을 많이 하는 선수는 실력이 어느 정도 수준까지 반드시 오른다. 그런데 재능을 타고났더라도 노력을 하지 않는 선수는 대책이 없다. 노력과 성실성 앞에서는 재능 자체는 별로 중요하지 않다. 행운이나 불운에 집착하는 사람을 보면 남들 100발 쏠 때 50발 쏘고 운에 대해 운운한다. 하지만 남들 100발 쏠 때 1,000발씩 쏜 사람은 그다음부턴 운이 따르건 안 따르건 별로 신경 쓰지 않는다. 자신의 노력에 대한 확신과 믿음 앞에서는 '타고난' 재능도, 행운의 여신이 준 '운' 도 별로 신경 쓸 게 아니라는 것을 알기 때문이다.

한국 양궁 선수들은 동양인 골격으로는 불리한 서양인의 활을 들고 전 세계를 제패해 왔다. 1점 차이로 승부가 갈리는 극한의 순간에도 표정 하나 변하지 않고 10점짜리를 쏠 수 있었던 건 운이 좋아서가 아니라 4년 동안 그만큼 열정적으로 훈련을 했었기 때문이다. 만약 간발의 차이로 우승을 하지 못하더라도 그것은 재수가 없어서가 아니라 트레이닝과 열정의 정도가 1점만큼 부족했기 때문이었을 것이다.

경기에 임할 때 한국 선수들은 유독 표정 변화가 없다. 잘 쏘고 못 쏜 것이 금방 표정에 드러나고 감정 표현도 즉각적인 외국 선수들에 비해 한국 선수들은 대체 지금 속으로 무슨 생각을 하고 있는 것인지, 긴장을 하고 있는지 아니면 아무렇지 않은 것인지 겉으로 드러나지 않는다. 무표정 속에 감춰진 미묘한 감정 변화와 긴장의 정도를 알 수 있는 사람은 오직 선수들과 함께해 온 지도자뿐이다.

한국 선수들이 그만큼 '포커페이스'에 능한 것은 그들의 성격이 원래부터 그래서가 아니라 오랜 기간 동안 마인드 컨트롤 훈련을 계속해 왔기 때문이다. 대회에서 선수는 희로애락의 감정을 여과 없이 드러내서는 절대 안 된다. 그게 우리나라 양궁 선수들의 기본 원칙이다. 항상 평상심을 유지하도록 훈련하는 한국 선수들은 표정만 봐 가지고는 지금 몇 점을 쐈는지 전혀 눈치 챌 수가 없다.

경기에서 상대방을 의식하다 보면 나의 기록이 흔들릴 수 있다. 나와 맞붙은 상대방 선수가 10점을 쐈다고 더 긴장해서도 안 되고, 또 상대방이 엉망으로 쐈다고 해서 금세 기뻐하며 긴장을 이완시켜서도 안 된다. 남이 어떻게 했든 오직 내 기록에만 신경 쓰고 나 자신에게만 집중해야 한다.

그래서 우리나라 선수들은 언제나 무표정하고 무뚝뚝한 얼굴로 경기장에 선다. 그만큼 속은 뜨겁고 치열하며 열정으로 꽉 차 있다. 자기 실력 이상의 요행수를 바라지도 않지만, 실수했다고 얼굴을 찌푸리며 주저앉지도 않는다. 운이 따르기를 바라기보다는 자신의 실력이 제대로 발휘되기를 바라고, 어떤 경우에라도 마음의 평정을 잃지 않는다. 이것이 바로 한국 양궁 선수들의 자기관리의 핵심이고, 프로의 자세이다. 그리고 나아가 노력하는 모든 이들의 태도다.

서거원의 Winning Secret 09

한국인이 미국에서 '골프 천재'가 된 비결

한국인 최초의 PGA 우승 선수 최경주 선수는 한 기자가 골프를 잘하는 비결을 묻자 이렇게 대답했다. "나는 골프에 미쳤을 뿐이다."
전라남도 완도 출신인 그는 중학교 때는 역도 선수였다. 골프 선수로서는 늦은 나이인 고등학교 1학년 때 골프를 시작한 그는 레슨도 받지 못한 채 싸구려 골프채로 매일 4,000개의 공을 쳤다. 영어라고는 인사말 정도밖에 모르던 그는 30살에 미국에 진출하면서 우스꽝스러운 퍼팅 자세로 비웃음을 사기도 했다. 그런 그가 지금은 프로 대회에서만 14번씩이나 우승을 거머쥐면서 가장 성공한 한국 골퍼라 불리고 있다.

그렇다. 노력을 당할 것은 없다.

열정과 성적의
놀라운 함수관계

⋮

혼이 담긴 노력은 절대 배신하지 않으며 대한민국이 새겨진 가슴은 결코 식지 않는다.
_ 이승엽, 야구 선수

훈련에 적극적인 선수일수록 순위가 높다

아테네에 있는 코린토스 운하는 폭 45미터, 깊이 120미터에 길이가 6킬로미터가 넘는 좁고 긴 운하다. 폭이 좁아서 운하 벽이 상할까 봐 배들은 모두 무동력이며 예인선이 배를 끌고 간다. 에게 해에서 불어오는 골바람이 장난이 아닌 그곳에 절벽과 절벽을 잇는 다리가 놓여 있는데 그 다리 위에 번지점프대가 있다. 줄 길이가 무려 95미터로, 다리 위에서 절벽을 내려다보면 오금이 저릴 정도다.

때는 올림픽을 두어 달 정도 앞둔 시점이었다. 국가대표 양궁 선수 남자 3명, 여자 3명이 그곳에 번지점프를 하러 갔다. 까마득한 운하의 다리 위에서부터 거의 100미터를 떨어져야 하는 곳에서 느껴지는 공포는 무엇과도 비교할 수 없었다.

당시 국가대표 감독이었던 내가 제일 먼저 뛰어내리기로 하고 줄을 매고 섰는데 정말 죽을 것 같은 공포를 느꼈다. 운하의 골바람도 센 데다 양쪽 절벽과 절벽 사이의 폭이 좁다 보니 줄을 매고 떨어지다가 꼭 절벽에 머리를 부딪칠 것만 같았다. 하지만 지도자인 내가 핑계를 대고 뛰어내리지 않으면 선수들에 대한 위엄을 잃을 것 같아서 죽기를 작정하고 뛰어내렸다. 정신이 하나도 없는데, 내려가는 시간이 영영 끝나지 않을 것처럼 한참이 걸렸다.

다음은 선수들 순서였다. 순서를 정해 주지 않고 남녀 선수들을 통틀어서 먼저 뛰고 싶은 사람부터 뛰게 해 줬다.

"자, 누가 제일 먼저 뛸래?"

이날 일어난 일을 연구과제로 분석해 보고 싶다는 생각을 지금까지도 가지고 있다. 제일 먼저 뛰어내린 선수는 남자 선수가 아니라 여자 선수였다. 여자 선수들 3명 중에서 A선수가 먼저 손을 들고 나섰다.

"감독님, 저요! 잠시 후에 뵙겠습니다!"

그러고는 "아악!" 비명을 지르면서 순식간에 다리 아래로 뛰어내렸다. 지켜보던 다른 선수들까지 깜짝 놀라서 같이 비명을 질렀다. 잠시 뒤 나머지 선수들에게 그다음 지원자를 물었다.

"자, 그다음엔 누가 뛸래?"

그다음에 나선 선수는 여자 선수인 B선수였다. B선수는 이미 뛰어내릴 준비를 하고 자세까지 잡고 서 있었다. 그다음에 뛰어내리겠다고 나선 선수 역시 여자 선수인 C선수였다. 그렇게 하라고 시킨 것도 아닌데 남녀 6명 중 여자들이 먼저 나서서 뛰어내리고 남자들만 남았다. 여자 선수들이 뛰어내린 후 남자 선수들은 연장자순으로 순서를 정해서 막내가 제일 먼저 뛰어내리고 선배가 마지막에 뛰어내렸다.

두 달 후 올림픽을 치렀다. 결과는 놀라웠다. 코린토스 운하에서 번지점프를 뛰어내린 순서대로 개인전 메달 순위가 나온 것이다. 제일 먼저 뛰어내리겠다고 나선 A선수가 개인전에서 금메달, 그다음 뛰어내린 B선수가 은메달, C선수는 탈락이었다.

전통적으로 한국 양궁은 남자보다 여자가 강세였는데 우연찮게 코린토스 운하에서도 남자 선수들보다 여자 선수들이 먼저 자발적으로 나서서 뛰어내리지 않았던가! 그때의 번지점프와 실제 성적과의 상관관계에 대한 이야기는 그 후로도 많은 선수들에게 들려주는 좋은 사례가 되었다.

왜 뛰어내린 순서대로 성적이 나왔을까? 거기에는 어떤 상관관계가 있을까? 주어진 과제와 목표를 대할 때 적극적으로, 능동적으로, 자발적으로 임하는 사람과 수동적으로 어쩔 수 없이 임하는 사람은 성과에 있어서도 그대로 드러난다. 그러므로 어차피 해야 할 일이라면 좀 더 적극적으로, 자발적으로, 즐거운 마음으로 하는 것이 중요하다.

재미있는 것은 여자 선수들의 적극성은 양궁뿐만이 아니라 태릉선수촌의 다른 여러 종목들에서도 두드러진다는 사실이다. 선수촌에 입소한 선수들 중 특히 세계 정상의 성적을 다투는 종목들, 예를 들어 탁구, 핸드볼, 필드하키 등의 종목을 보면 대개 여자 선수들이 훈련 분위기를 주도한다. 같은 강도의 훈련을 시켜도 남자 선수들보다 여자 선수들에게서 더 독하고 절제력 있고 흔들리지 않는 모습을 자주 보게 된다. 평소에도 체력 훈련 시 여자 선수들이 보이는 적극성이 남자 선수들을 능가하곤 해 흥미롭게 지켜볼 때가 있다.

여자 선수와 남자 선수는 남녀 차이 때문에 성향이 많이 다른데, 독하고 끈기 있고 잘 참는 데 있어서는 확실히 여자가 남자보다 강한 모습을 보인다. 한국 여자 양궁의 성적도 여자들의 그러한 강인한 면을 반영한 결과가 아닌가 하는 짐작을 해 본다.

남녀 차이를 넘어서서 평소 훈련 시의 적극성이 바로 경기력으로 연결된다는 것을 여러 사례에서 발견하게 된다. 열정을 가지고 달려드는 순서대로 높은 성과가 나타나는 것이 비단 스포츠만은 아닐 것이다.

• 서거원의 Winning Secret 10 •

고난이 삶의 선물이 되는 이유

한 젊은이가 자신의 할아버지에게 물었다. 삶이 왜 이렇게 힘든 거냐고. 이 질문에 할아버지가 대답했다.
"살다 보면 기쁜 일만큼이나 슬픈 일도 있고, 이길 때가 있으면 질 때도 있으며, 일어서는 것만큼이나 넘어지는 경우도 허다하단다. 어디 그뿐이겠느냐? 배부를 때가 있으면 배고플 때가 있고, 좋은 일과 마찬가지로 나쁜 일도 일어나게 마련이야. 너를 절망에 빠뜨리려고 이 말을 하는 것이 아니라, 인생이란 양지쪽을 걷는가 하면, 때로는 음지쪽도 걸어야 하는 여행이라는 사실을 깨우쳐 주기 위해 이 말을 하는 거란다. 산꼭대기를 향해, 해돋이를 향해, 희망을 향해 내디딘 가장 연약한 한 걸음이 가장 맹렬한 폭풍보다 훨씬 더 강하단다."

— 조셉 M. 마셜, 『그래도 계속 가라』

그만두고 싶을 때, 딱 한 걸음만 더 가라.

나만의 '최고 수행 능력'을 이끌어 내라

미래에 대한 최상의 준비는 막연히 예측하는 것이 아니라 내일을 겁내지 않고 오늘을 용기 있게 모험하며 사는 것이다.
_ 정진홍, 중앙일보 논설위원

열망이 곧 장래성이다

10여 년 전 중국으로 전지훈련을 갔다가 중국의 한 지방에서 온 어린 여자 선수를 만났다. 14살짜리 어린 소녀였는데 성적이 부진하다고 했다. 중국 행정구역상 성 단위 팀인 그 팀의 감독은 그 선수의 장래성에 대해 그다지 낙관하지 않았고 큰 기대를 걸고 있지도 않았다. 그러나 한 4주쯤 그 선수를 지켜본 후 나는 그 팀의 감독에게 말했다.

"쟤는 앞으로 무조건 성공합니다. 두고 보십시오."

그러자 감독이 의아하다는 표정을 지었다.

"걔는 지금 성적이 엉망인데요."

하지만 나는 고개를 저으며 저 선수에겐 분명히 미래가 있다고 말했다.

그리고 10년이 지났다. 프레올림픽을 위해 베이징에 갔다가 중국 여자 선수들 중에서 왠지 얼굴이 낯익은 선수를 발견했다. 그 선수는 10년 전 내가 대성할 것이라고 점쳤던 그 선수였다. 어린 티를 벗고 어엿하게 성장하여 2008년 베이징 올림픽에 출전하는 중국 대표선수로 선발되어 있었던 것이다. 10년 전에 만났던 감독이 내게 다시 물었다.

"10년 전에 저 선수가 대성할 거라고 이야기하셨던 이유가 무엇이었습니까?"

나는 이렇게 대답했다.

"직감적으로 알 수 있었습니다. 눈빛이 살아 있었거든요."

지도자 생활을 오래하다 보면 선수들에 대한 직관 같은 것이 생긴다. 무슨 점쟁이처럼 사람을 보자마자 아는 것은 아니지만, 그 선수의 태도, 걸음걸이, 말할 때 드러나는 성격, 자세, 그런 것들을 어느 정도 죽 지켜보다 보면 그 선수가 앞으로 장래성이 있는지 없는지 거의 정확히 파악하게 된다.

그중에서 가장 정확한 사인을 보내는 건 그 선수의 눈빛이다.

뭔가를 이루고자 하는 집념, 열망, 자신의 발전에 대한 욕망, 양궁에 대한 열정 등이 눈빛에서 그대로 드러난다. 사람의 눈빛은 속일 수가 없다. 현재의 성적이 부진하거나 일시적인 의욕 상실에 빠져 있더라도 미묘하게 눈빛 하나만 살아 있는 선수가 있다. 그 선수에겐 반드시 미래가 있다.

사람의 뜨거운 열망은 미래를 가능하게 하고 현재의 고통도 무마시킨다. 양궁 선수들이 힘든 훈련들을 받으면서도 포기하지 않고 훈련을 따라오고 양궁을 계속하는 것은 자신에 대한 성취감과 그로 인한 희열이 정신을 이끌기 때문이다.

국가대표 감독 시절에는 나 역시 선수들과 똑같이 모든 훈련을 함께했다. 선수들과 다름없이 해병대 훈련도 받고 행군도 했다. 할 때는 엄청나게 고통스럽다. 선수들도 힘들고 지도자도 힘들다. 정말 더 이상은 못할 것 같은 한계도 매번 느낀다.

그런데 훈련을 마치고 나서 태릉선수촌에 들어가서 그날 밤에 잠자리에 누웠을 때, 그 순간 어떤 벅찬 희열감 같은 게 느껴진다. 말도 못하게 고통스러운 순간들을 넘어서 내가 해냈다는 희열이 피곤에 지친 온몸을 감싼다. 그 희열감의 '맛'을 알기 시작하면 그다음 훈련의 강도가 더 높아져도 또다시 버텨 낸다. 힘들고 강도 높은 훈련일수록 다 마치고 났을 때 만끽하는 희열감의 정도도 크다는 것을 선수들도 차차 깨닫는다.

누구나 살면서 힘든 순간들이 있다. 더 이상 못하겠다고 주저앉고 싶을 때도 있다. 그러나 지금 내가 얼마나 힘든가 하는 것은 별로 중요하지 않다. 중요한 것은 지금의 힘든 시간을 넘어서고자 하는 열망을 내가 얼마나 가지고 있느냐이다.

거울 속의 내 눈빛은 지금 살아 있는가? 눈빛 속에 얼마만큼의 열망과 열정이 담겨 있는가? 이에 대한 대답이 내 미래를 결정한다.

슬럼프는 허상이다

나는 보통 밤 12~1시쯤 잠자리에 들어 새벽 4~5시쯤 기상한다. 평균 수면 시간이 4시간 정도 되는데, 잠이 조금 모자란 날에는 이동하는 차 안에서나 중간 중간 잠깐씩 눈을 붙이는 것으로 해결한다. 자기 전에는 책을 읽고, 일어나서는 대개 등산을 할 때가 많다. 지도자 생활을 하는 동안 몸에 밴 이런 생활습관을 단 하루도 어기지 않았다.

한 번은 지도자들끼리 회식 자리를 가졌다. 그다음 날 아침 훈련은 5시 반부터였다. 그런데 마시다 보니 어느덧 새벽 4시가 다 되었다. 시계를 본 나는 5시까지 계속 마셔 버렸다. 4시에 잠자리에 들면 5시 반 아침 훈련에 못 일어날 수 있기 때문에 아예 잠을 안 자기로 마음먹은 것이다. 5시가 되자 숙소에서 양치질만 하고 바로 훈련장으로 제일 먼저 나갔다. '감독님이 어젯밤에 술을 많이 드셨으니까 오늘 아침엔 분명 못 나오실 거다.'라고 생각했던 선수들의 예상은 보기 좋게 빗나갔다. 늦잠은커녕 훈련장에 제일 먼저 나가 멀쩡한 얼굴로 지키고 서 있었기 때문이다. 지도자 생활을 하는 내내 나는 한 번도 '땡땡이'를 치지 않기 위해 안간힘을 썼다.

물론 나라고 해서 늦잠 자고 싶지 않고 하루쯤 게으르고 싶지 않은 것은 아니다. 아무리 규칙적으로 생활했더라도 인간인 이상 마음이 해이해질 때가 왜 없겠는가? 전날 과음을 했다거나 날씨가 춥거나 비가 오는 날이면 집에서 잠이나 잤으면 하는 생각을 안 할 리가 없다. 그럴 때면 스스로 위기의식을 갖는다.

'오늘 하루 쉬면 3일 퇴보다.'

'한 번 두 번 땡땡이치다 보면 이번 대회에서 예선 탈락이다.'

일부러 최악의 상황을 상상해 본다. 그러다 보면 다시 긴장감이 되살아난다. 그래서 마음이 해이해질 때마다 오히려 마음을 다시 다잡을 수 있는 자극이 생겨난다.

열정이 식기 시작하면 아무리 위대한 비전이 있고 꿈이 원대해도 이룰 수 없다. 특히 스포츠는 오늘의 내 행동의 결과가 바로바로 나타나는 세계다. 일반 직장생활보다 훨씬 냉철하고 냉혹한 승부와 경쟁이 끊이지 않는 세계다. 선수 각자가, 특히 지도자의 열정이 조금이라도 미지근해졌을 때 그 결과는 점수와 기록으로 곧바로 나타난다. 그래서 나는 나 자신에게 수시로 이렇게 되묻는다.

'나는 지금 무얼 하고 있는가? 내가 지금 무얼 하고 있는 거지?'

위기에 봉착하고 난 다음에야 위기의식을 느끼면 이미 늦는다. 위기의식이 느껴지지 않는 평상시에 자신이 일부러 만들어야 하는 게 위기의식이다.

나는 이제까지 살면서 한 번도 슬럼프에 빠진 적이 없다. 좌절하고 실패한 적이 없어서가 아니라 그런 시간들을 슬럼프라고 스스로 인정하지 않았다는 소리다. 운동선수가 갑자기 기록이 안 나오거나 의욕이 떨어지면 사람들은 "저 선수 슬럼프인가 봐."라고 말한다. 하지만 정말 슬럼프를 오게 하는 건 '나는 지금 슬럼프다.' 하는 마음속 체념이다. 슬럼프가 와서 슬럼프가 아니라, 슬럼프라고 생각한 순간부터 슬럼프가 온다.

소위 슬럼프라는 것이 왔을 때 그것을 물리치는 방법이 있다. 오히려 그 시간을 즐기려고 노력하는 것이다. 더 나아가 슬럼프는 살면서 아주 유용하게 활용할 수 있는 기회다. 뭘 하든 늘 잘하기만 하고 항상 좋은 성적만 받을 수는 없다. 기록이 저조해지고 의욕이 떨어질 때는 늘 예고 없이 찾아온다. 그럴 때 '내가 슬럼프구나.' 라고 생각하는 대신 이렇게 생각해 보자.

'아, 나를 생각해 볼 수 있는 기회가 왔구나. 잘됐다.'

'왜 기록이 떨어졌을까? 분명히 이유가 있을 것이다.'

나에게도 죽음을 떠올릴 정도로 스트레스가 많은 시절도 있었고, 다 때려치우고 어디론가 도망가고 싶은 적도 있었다. 지도자로서 조직을 이끄는 데 있어서 회의와 자괴감에 빠지기도 했다. 그러나 그럴 때마다 늘 결론은 하나였다.

'그렇다고 포기할 것인가? 아니잖은가. 그럴 바엔 차라리 이 모든 걸 즐기자. 즐기면서 최대한 미쳐 보자.'

뭐든 마음먹기에 달렸다는 말은 항상 진리였다. 자괴감과 좌절감조차도 생각을 다르게 하자 성찰의 시간이 됐다.

한 번만 뒤집어 생각하면 슬럼프는 자신을 성찰할 수 있는 시간이자 다음을 위해 발전할 수 있는 계기가 된다. 자기가 원하는 대로 기록이 늘 잘 나와 주기만 하고 그래서 항상 아무 걱정이 없다면, 스스로를 뒤돌아볼 수 있는 시간을 어떻게 가질 수 있겠는가? 그런데 성과가 갑자기 뚝 떨어지면 잠시 발걸음을 멈추고 자신에 대해 생각해 볼 수 있을 것이다.

'그래, 맞아. 내가 이런 걸 고쳐야 했었지. 사실은 그동안 문제가 쌓여 있었어.'

'나를 한번 돌아보라고 하는 모양이다.'

'내가 그동안 매너리즘에 빠져 있었구나.'

'너무 자만심에 빠져 있었구나.'

이걸 반복하다 보니 언제부턴가 슬럼프가 안 오기 시작했다. 슬럼프는 슬럼프가 아니었다. 슬럼프는 어디까지나 마음의 허상이며, 자기 자신의 마음속에서 만들어 내는 허구다. 슬럼프란 어떤 경우에도 존재하지 않는다.

'징크스'라는 것도 마찬가지다. 수험생이나 중요한 시험을 앞둔 사람들은 일부러 머리를 안 감는다든가 손톱을 안 깎아 징크스를 막고자 한다. 특히 운동선수들도 이런 징크스에 얽매이는 경우가 많다. 경기 전에 이발을 하거나 손톱을 깎으면 경기에 진다는 등의 온갖 징크스들이 있다. 그런데 나는 선수 생활 시절에도 경기 하루 전날 일부러 이발하고 손톱 발톱 다 깎고 목욕탕 가서 때도 밀었다. 모든 종류의 징크스를 인정하지 않았다.

'징크스는 무슨 징크스!'

국가대표 선수인 한 선수가 가장 좋아하는 색은 빨간색이다. 그 선수는 경기할 때 활도 빨간색 활을 써야 기분이 좋고 점수도 왠지 잘 나올 것 같다고 한다. 그러나 나는 그 선수에게 빨간색 활을 쥐어 주는 대신 이렇게 이야기해 준다.

"네가 좋아하는 색에 갇히지 마라. 자기 사고에 갇히게 되면 거기까지가 네 한계다. 그걸 뛰어넘어야 발전이 이뤄진다."

징크스도 사실은 자신이 마음속에서 만들어 놓고는 스스로 거기에 빠지는 허상에 불과하다. 슬럼프나 징크스는 실체가 없는 것이다.

자신만의 '최고 수행 능력'을 100퍼센트 발휘하라

　양궁 선수가 경기장에서 최고의 기량을 발휘하는 순간 경험하는 특별한 심리 상태가 있다. 예를 들어 A선수가 어떤 중요한 경기에서 세계 신기록도 수립하고 금메달도 땄다면, 그 선수는 그날 자신의 능력을 100퍼센트 발휘한 것이라 할 수 있다.

　A선수는 그날 활을 들고 선 그 순간, 평상심을 잃지 않고 평소 연습할 때처럼 담담하게 활을 쏜 것이다. 마음은 불안하지 않고 차분하며 몸은 경직되어 있지 않다. 타깃에 대한 집중력이 최고로 고조된 상태이고 잡념이 전혀 없으며 활을 당기고 쏠 때까지 거의 무의식적으로, 자신의 행동을 의식하지 않고 자동적으로 모든 과정을 수행했다. 자신이 잘해 낼 거라고 긍정적으로 생각하고 있으며 자신감으로 충만해 있다. 두려움과 의심이 말끔히 사라지고 없는 상태이며 때론 그 시간을 자기도 모르게 즐기고 있다. 그러면서도 팽팽한 긴장을 놓지 않은 상태다. 관중의 소음이 귀에 전혀 들리지 않을 정도로 오직 이 순간의 경기에만 몰두하고 있다.

최고의 기량을 발휘할 때의 심리 상태가 바로 이렇다. 이것을 스포츠심리학에서는 '최고 수행'의 상태 혹은 '최고 수행 능력'을 발휘했다고 말한다.

실전에서는 제일 중요한 것은 테크닉보다 심리 상태다. 아무 문제없이 잘하고 있는 것 같다가도 결정적 순간에 과도하게 긴장했거나, 혹은 너무 긴장을 안 했거나, 사람들의 기대감에 눌려서 불안과 의심에 휩싸였거나 하면 자기 기량이 제대로 안 나온다. 장소, 날씨, 기온, 습도, 심지어 전날 먹은 음식에 따라서도 달라질 수 있는 게 선수의 심리 상태이고, 그 심리 상태에 따라 최고의 기량을 발휘하느냐 못하느냐가 결정된다.

양궁 선수뿐만이 아니다. 대입 시험, 입사 시험, 고시 같은 큰 시험을 치를 때도 그동안 공부를 엄청 해 왔고 만반의 준비를 갖췄다고 생각한 사람이 시험지를 받는 순간 갑자기 멍해지는 경우가 있다. 분명히 공부한 내용이고 아는 내용인데 답을 못 쓰거나 헷갈리는 경우도 허다하다. 운동선수로 치면 최고 수행 능력을 발휘하지 못하는 것이다.

양궁 선수들의 그 모든 훈련 과정이 올림픽의 결정적 순간에 최고 수행 능력을 발휘하기 위한 준비 과정이었던 것처럼, 결국 모든 사람의 인생도 결정적 순간에 자신이 가지고 있는 최고 수행 능력을 100퍼센트 발휘할 것이냐 아니냐에 따라 그 결과가 좌우

되는 기나긴 경기일 것이다. 차분하고 담담하게, 그러면서도 온 힘을 다해 자신의 분야에서 능력을 펼치는 자기 자신을 상상해 보자. 국가대표 선수가 타깃 한가운데 화살을 꽂아 넣고 금메달을 따는 순간에 느끼는 것과 같은 그러한 희열을 상상해 보자. 그리고 그런 순간을 향해 나의 열정을 쏟아 보자.

● 서거원의 Winning Secret 11 ●

'최고 수행 능력'을 발휘할 수 있는 자기암시법

1. 가장 긴장되고 중요한 순간에 나는 평상심을 잃지 않는다.
2. 연습은 실전처럼 긴박하고, 실전은 연습처럼 담담하다.
3. 나의 마음에 불안감은 없다. 나는 차분하다.
4. 내 몸은 편안하다. 딱딱하게 굳어 있지도 않고 흐트러져 있지도 않다.
5. 목표를 향한 나의 집중력은 그 어느 때보다도 최고조에 다다랐다.
6. 나는 잡념이 전혀 없다.
7. 평소처럼 거의 무의식에 가까울 정도로 내 실력을 발휘한다.
8. 나는 내가 잘 해낼 거라는 사실을 잘 안다.
9. 나는 자신감으로 충만해 있다.
10. 내 마음속에 두려움과 의심은 말끔히 사라져 있다.
11. 나는 팽팽하게 긴장된 승부의 순간을 오히려 즐긴다.
12. 나를 방해하려는 모든 요소는 나를 방해하지 못한다.
13. 지금 이 순간이 나에게는 가장 중요하다.

나를 죽이지 못하는 고통은
나를 더욱 강하게 만들 뿐이다

●
●

승리의 씨앗은 패배했을 때 뿌려진다.
_ 김승억, 『사랑으로 성공하는 보험 컨설팅』

절박한 위기일수록 도약의 기회다

"2008년 베이징 올림픽, 한국 양궁 전 종목 금메달 석권을 노리다!"

매번 올림픽이 열릴 때마다 한국 양궁은 '금메달을 딸 수 있을 것이냐.'가 아니라 '금메달을 몇 개 딸 것이냐.' 하는 기대를 받는다. 그래서 선수들도 지도자들도 늘 일정 수준의 부담감과 팽팽한 긴장감을 놓지 못한다.

40년 전 한국에 들어온 양궁은 20년 전부터 세계 정상의 위치를 놓치지 않고 있다. 문득 호기심이 생겨 1960년대 국내 100대 기업 중 지금까지 살아남은 기업이 얼마나 되는지 알아보았다. 당시 100대 기업 중에 지금까지 살아남은 기업은 12개에 불과했다. 나머지 80여 개는 완전히 없어지거나 통합되었다. 그만큼 빠르게 변하는 무한경쟁시대에서 한국 양궁이 정상으로 살아남기까지는 끊임없는 위기 극복의 순간들이 있었다.

내가 처음 양궁을 시작했던 1975년도에는 양궁은 전문적인 스포츠라고 인식되지도 않았고 대부분의 사람들이 양궁을 생소하게 여겼다. 전문적인 스포츠보다는 특이한 취미라는 인식이 있었으며, 올림픽에 출전하거나 국제대회에서 큰 성과를 거두기도 전이었다.

전반적으로 그런 상황이었기 때문에 나 역시 양궁을 접한 것은 아주 우연한 일이었다. 고등학교 때 축구팀에서 활동하고 대학 전공도 처음에는 체육이 아닌 이공계를 택했던 나는 양궁 선수 생활도 대학에 들어와서야 시작했다. 1977년도에 처음으로 대학부 선수 자격으로 종별 선수권대회에 출전해서 단체전 우승을 하는 등 좋은 성적을 거둔 이후, 취미 비슷하게 시작했던 양궁이 점점 커다란 매력으로 다가왔다. 고등학교 때까지 성격이 다소 급하고 거칠어서 질풍노도의 시기를 겪기도 했는데 활만 잡으면 마음이 차분해지고 집중력도 좋아졌다. 양궁을 하면 할수록, 대회에서 좋은 성적을 거둘수록 양궁에 깊이 빠져들었다.

하지만 양궁 선수 생활을 하기에는 여러 가지 상황이 힘들었다. 초창기라 장비가 너무 고가였고 그나마 몇 달씩 기다려야 외제 활을 구입할 수 있을 정도였다. 게다가 장래성이 보이지 않는 스포츠였기에 부모님의 반대도 이만저만이 아니었다. 주변에서 모두가 반대하고 말렸는데도 왜 그렇게 양궁에 빠져들었는지는 지금 생각해도 신기한 일이다. 양궁에 대한 열정에 빠져 있었으니 아무리 주위에서 말려도 들리지 않았을 것이다.

1978년에 국내 최초의 양궁 실업팀인 삼익악기 양궁팀에 들어가 선수 겸 코치 생활을 시작하다가, 32살이었던 1985년에 선수 생활을 끝마치고 지도자의 길을 걷기 시작했다. 사실은 선수 생활을 더 하고 싶었지만 당시에는 운동선수가 나이 서른만 되어도 노장 취급을 받는 분위기였다. 서른이 넘어서까지 계속 선수를 하고 있으면 모두들 "왜 아직도 선수를 하느냐?"며 말이 많았다. 그래서 적당한 시기에 선수 생활을 은퇴하는 게 낫겠다 싶어서 자의 반 타의 반으로 지도자 생활을 시작한 것이 오늘날에 이르렀다.

그러나 처음부터 지도자 생활은 결코 순탄치 않았다. 1986년 아시안게임 직후에 국가대표 코치가 되고 1988년 서울올림픽 남자 국가대표 감독을 맡게 되었을 때, 국가대표 감독을 맡았다는 뿌듯함보다는 절박함이 더 많았다. 그도 그럴 것이 여자 선수들은

1984년 LA 올림픽 때 이미 금메달을 획득하고 정상의 위치에 올랐던 반면에, 남자 선수들의 성적은 여자 선수들에 미치지 못했기 때문이다. 남자 양궁이 1988년 서울올림픽 때 금메달을 따내고 제대로 도약하지 못한다면 그때 당시 향후 10년 이상 지원도 제대로 받지 못하고 심한 경우에는 낙후될 수도 있는 절박한 상황이었다.

특히 1988년 서울올림픽을 1년 남겨 두고 1987년도 호주 아들레이드에서 열린 세계선수권대회에서 남녀 선수들이 참패했을 때는 지도자로서의 위기감이 극에 달했다. 매스컴에서 남자 양궁에 대한 비난의 목소리도 높았고, 그때만 해도 아직 경험이 부족한 젊은 감독이었던 나는 지금 무너지면 한국 양궁도 무너지며 나 역시 지도자 생활을 계속할 수 없을지도 모른다는 절체절명의 위기의식을 안고 하루하루를 살았다. 주변 어른이나 감독님들을 찾아가 하소연을 하며 상의와 토론도 수시로 했다.

올림픽을 앞둔 1년 동안 나와 선수들은 지금 생각해 보면 어떻게 그렇게 할 수 있었을까 할 정도로 엄청난 훈련을 거쳤다. 차라리 죽어 버리고 싶다는 생각이 들 정도로 고통스러운 나날이었고 선수들과 나 스스로도 우리가 이런 훈련들을 소화해 낼 수 있으리라곤 꿈도 못 꿨던 지독함이 있었다.

그런데 세월이 지난 지금 생각해 보면 '여기서 이대로 무너지면 끝이다.' 하는 그때의 절박함이 오히려 그런 시간들을 다 같이 견

더 낼 수 있게 해 준 원동력이 되었던 것 같다. 엄청난 절박함은 정신력으로 이어졌고 정신력이 그 모든 시간을 견디게 해 주었던 것이다. 결국 1988년 서울올림픽 때 남자 양궁은 단체전 금메달을 거머쥐었고 개인전에서도 비록 금은 놓쳤지만 은메달을 목에 걸 수 있었다. 남녀 팀이 공동으로 세계 제패를 했다는 것은 지도자인 나에게도 큰 의의가 있었다. 한국 양궁 하면 항상 여자 양궁만 거론되었던 분위기가 1988년 서울올림픽 이후부터는 남녀 공히 세계 정상임을 인정받는 결정적인 전환점이 되었다. 또한 그 이후에도 금메달을 딴 데서 그치지 말고 남자 선수들도 세계 신기록을 세워서 수준을 한 단계 업그레이드시키고 실력을 더 확고히 인정받을 수 있는 계기를 마련하자는 절치부심이 이어졌다.

실패는 성공의 씨앗이라는 말이 있듯이 위기는 도약의 원천이다. 그때 이후로 20년이 지난 지금, 수차례 국가대표 감독을 거쳐 이제는 대한양궁협회 전무로서 한국 양궁계를 이끄는 리더의 위치에 서게 된 나는, 절박함의 강도가 세면 셀수록 그것을 역이용하여 위기 극복의 기회로 삼을 수 있을 것이라는 생각을 해 본다. 위기가 극에 치달았을 때의 절박함을 늘 잊지 않고 지금보다 더 나은 성과를 향해 나아가고자 하는 것은 이제 한국 양궁의 모토가 되었다.

등산을 무척 좋아하다 보니 시간만 나면 근처 산에 오르곤 한다. 분초를 쪼개 쓰는 바쁜 일상 중에서 산에 오르는 시간은 자기 성찰을 할 수 있는 거의 유일한 시간이다. 산에 오르며 혼자 많은 생각을 하고 당면한 여러 문제들을 떠올리며 깊은 고민에 잠긴다. 그런데 언제부턴가 이런 생각이 들었다.

'난제가 없었다면 산에 오르는 것도 심심했겠다.'

실제로 양궁계와 선수들에 관한 이런저런 고민을 하다 보면 어느덧 힘든 줄도 모르고 산 정상에 올라 있다. 절박한 문제들 때문에 인생이 힘들기도 하지만, 반대로 절박한 문제들을 풀어 나가려는 의지가 인생을 더욱 역동적으로 만들고 발전의 계기가 된다.

열정＋소통 = 직관

"서 전무님은 평생 양궁에만 미쳐서 사신 것 같습니다. 혹시 사모님이 불평은 안 하시나요?"

언젠가 한 신문기자와의 인터뷰가 끝난 뒤 기자가 농담처럼 이런 질문을 건넸다. 그러자 문득 오래전 선수였던 시절의 기억이 머릿속을 스치고 지나갔다. 그때는 자다가 새벽 2시에도 벌떡 일어나 밖으로 나가 연습을 하기도 했다. '이렇게 연습해 보면 좋겠다.'는 생각이 떠올랐는데 날이 밝으려면 아직 멀었지만 당장 해 보지 않고는 직성이 안 풀렸기 때문이다. 오밤중에 일어나 활을 들고 나가면 아내는 한마디 불평의 말도 없이 졸린 눈을 비비고 초와 성냥을 들고 나를 따라 나와 공터에 불을 밝혀 주었다.

돌이켜 보면 30년 넘는 양궁 인생 동안 늘 '미쳐서' 살았다고 해도 과언이 아니었다. 처음에는 시행착오도 무수히 했다. 초창기에는 초등학교와 중·고등학교 선수들을 가르치는 코치 경험을 쌓았고, 거기에서 다시 실업팀 코치로, 다시 국가대표 코치와 감독으로, 밑바닥부터 차근차근 밟아 나가며 경험을 쌓았다. 어린 선수들의 심리부터 시작해서 실전에서 벌어지는 장비에 대한 문제까지 잘못된 판단도 많이 했고 실패 과정도 거쳤다.

지도자로서의 직관은 그런 실패의 시간들이 없었다면 불가능했을 것이다. '이럴 땐 이렇게 하면 좋더라.' 하는 순간 대처 능력, 이 방향으로 갔을 때 가장 좋은 성과가 나오겠다는 직관력과 통찰력과 판단력은 경험이 충분히 축적되어 있지 않으면 결코 생기지 않는다. 회사에 신입사원이 입사했을 때 여러 가지 경험을 하면서 차츰 위로 진급하고 경력이 쌓이듯이, 냉철한 판단력과 직관이란 결국 경험, 그리고 경험을 통한 자기성찰에서 나온다.

뭔가에 미쳐 있고 최대한 몰입해 있을 때 사람은 스스로도 놀랄 만한 성과를 이루어 낸다. 목적하는 바에 대해 푹 빠져 있을 때는, 평소 같으면 하찮게 여기고 지나쳤을 만한 것들이 어마어마한 결과의 차이를 가져온다.

지도자가 선수의 눈빛 하나만 봐도 속마음을 눈치 채고 문제점을 파악할 수 있기까지는 지도자로서의 역할에 최대한 몰입하는 열정이 함께한다. 겉으로는 무표정한 선수가 속으로는 얼마나 긴장하고 있는지, 그럴 때 어떤 얘기를 해 줘야 하는지 손바닥 보듯 알 수 있으려면 팀원들과의 무수한 교감의 과정이 밑바탕이 되어야 한다. 열정이 없다면 교감과 소통도 불가능하다.

반대로 경험이 너무 많아서 자신감이 넘쳐도 문제다. 경험을 통해 한 번 두 번 성공을 이뤄 나가는 것까지는 좋은데, 이로 인해 확신이 지나치다 보면 아집이 생긴다. 경험 많은 리더가 판단을 잘못하고 자기만의 고집에 빠지는 경우다.

그런 이유에서 리더와 팀원과의 끊임없는 소통이 필요하다. 리더가 B라고 확신하는데 팀원들은 C라고 생각한다면, 리더는 B를 밀어붙일 것이 아니라 B와 C의 장점을 절충해서 새로운 더 좋은 방향을 제시할 수 있어야 한다. 대화와 경청을 통한 소통, 그리고 통합이 바로 리더의 역할이다. 항상 소통하고자 하는 열정이 올바른 직관을 낳는다.

리더의 열정이 모든 가능성을 만든다. 자기가 몸담은 분야에서 긴 안목을 가지고 뭔가 새로운 걸 자꾸 개발해 내는 풍부한 상상력, 그리고 구성원들과 소통하고자 하는 노력이 바로 열정에서 나온다. 열정은 성장과 발전의 동력이다. 오늘이 내일 같고 내일이 오늘 같은 삶을 살지 않게 하는 건, '기왕 할 바엔 지금 하는 일에 최대한 미쳐서 해 보자.' 하는 매 순간의 뜨거운 열정이다.

● 서거원의 Winning Secret 12 ●

어느 과학자의 벼룩 관찰 실험

어떤 과학자가 벼룩을 가지고 실험을 했다. 맨 처음에는 벼룩의 가운데 다리 두 개를 떼고 "뛰어!"라고 명령했다. 벼룩이 높이 뛰어올랐다. 그 다음에는 다리 두 개를 더 떼고 다시 "뛰어!"라고 명령했다. 이번에도 벼룩이 잘 뛰어올랐다. 마지막으로 다리를 마저 다 떼고 "뛰어!"라고 명령했다. 그랬더니 벼룩은 더 이상 뛰어오르지 못했다. 그러자 그 과학자는 이렇게 결론을 내렸다.
'벼룩은 다리를 떼면 귀가 먹는다.'
이 과학자는 많은 경험을 쌓았지만 잘못된 판단을 했다. '다리를 떼면 귀가 먹는다.'가 아니라 '다리의 튕기는 힘이 없으니 못 뛴다.'는 판단을 내려야 했던 것이다.
경험 많은 리더의 확신이 확고하다고 해서 무조건 옳은 것은 아니다. 올바른 판단력과 직관력을 위해서는 경험을 많이 쌓아야 하지만, 경험이 많이 쌓일수록 자기성찰도 늦추지 말아야 한다. 리더가 자기 경험만 믿고 아집에 빠졌을 때 이 과학자 같은 판단을 내릴 수 있다.

— 이토 아키라, 나이토 요시히토,
『이제는 절대로 심리전에서 밀리지 않는다』 중에서

3부

조직관리의 해법,
'서 칼' 리더십

* 편집자주 : 이 책의 저자인 서거원 전무는 한국 양궁계에서 '카리스마'가 넘치기로 유명해 '서 칼'이란 별명이 붙었다.

침묵을 가장한
관찰의 리더십

●
●

경청과 피드백을 통해 직원과 인간관계를 맺는 일은 모두 신뢰의 문제와 관련이 있다. 신뢰와 예측성은 밀접한 관계가 있다.
_ 니콜라스 니그로, 『팀장 멘토링 & 코칭』

실전은 돌발 상황의 연속이다

그의 실력은 의심의 여지가 없었다. 컨디션은 최강이었고 날씨도 좋아 성적 내기에도 불리하지 않았다. 그동안 하던 대로만 쏘아 준다면 우승은 문제없었다. 두 발을 굳게 디디고 스탠스, 활을 당겨 드로우, 그리고 '타악!' 하는 소리와 함께 릴리즈……, 화살은 활시위를 떠났다. 70미터 앞의 타깃을 마주하고 그는 흔들림이 없는 것처럼 보였다. 활을 쏘고 돌아선 그의 얼굴은 자신만만했다. 감독인 내게로 돌아서서 손바닥을 마주치며 하이파이브!

"감독님, 저 10점이죠?"

그런데 이상했다. 그가 화살을 쏜 저 앞의 타깃이 여전히 텅 비어 있었던 것이다!

"야, 너 옆 타깃에 쐈잖아!"

그랬다. 출중한 실력을 가진 국가대표 선수인 그가 멀쩡한 정신으로 멀쩡하게 조준을 하고는 자신의 타깃이 아닌 옆 타깃에다 화살을 쏜 것이다. 이렇게 자기 타깃이 아닌 엉뚱한 타깃에 화살을 쏘는 선수가 종종 있다. 그것도 실전에서. 왜? 긴장 때문이다. 평소에는 아무 문제없이 10점짜리 활을 쏠 수 있었던 70미터 앞의 타깃이 자신도 미처 깨닫지 못한 찰나의 순간 흔들리는 것이다. 바로 옆에 있는, 자신과 상관없는 다른 타깃과 착각하는 것이다. 그런데도 자기가 무슨 짓을 했는지 못 깨닫는 것이다.

때는 이미 늦었다. 화살은 활시위를 떠났다. 10점인 줄 믿어 의심치 않았던 점수는 어이없게 0점이 되고 말았다. 돌이킬 수 있는 건 아무것도 없다.

양궁 선수들이 얼마나 긴장을 하는지, 그 순간의 긴장도가 얼마나 상상을 초월하는지는 경기장에 서 본 사람만이 알 것이다. 첫 번째 발, 두 번째 발, 세 번째 발……. 한순간의 화살 발수에 따라서 선수들의 심리 상태는 미묘하게 바뀐다. 두 번째 발까지 멀쩡하게 10점을 쏘던 선수가 그다음 순서에서 갑자기 타깃을 혼동해 다른 타깃으로 화살을 날리는 어이없는 일이 벌어져도 놀라운 일은 아니다. 자신의 의도와 상관없는 돌발 상황, 실력과 상관없는 실수, 그것이 실전이고 현실이다.

그 미묘한 심리 변화와 찰나보다도 짧은 순간의 실수를 눈치 채고 잡아 줄 수 있는 존재란 오직 선수를 이끄는 리더밖에 없다. 리더는 선수에게서 잠시도 눈을 떼서는 안 되고 눈빛이 조금만 바뀌어도 그 지점을 끌어내서 지적해 주어야 한다. 리더의 관찰력이 관건인 것이다.

관찰은 조직 장악력의 기본이다

관찰은 조직을 이끄는 리더의 '조직 장악력'을 의미한다. 구성원이 최고의 기량을 펼치고 팀이 최고의 성과를 내도록 하기 위해서는 각 조직원이 내 손아귀에 들어오도록 만들어야 하는데, 그 초석을 닦는 요소가 바로 관찰력이다. 치밀한 관찰을 통한 구성원 파악 과정을 전제하지 않고서는 어떠한 강압이나 상명하달식 명령으로도 그 조직을 이끌 수 없다.

올림픽을 준비하며 국가대표팀이 구성되면 전국 각 팀에서 선발된 선수들이 한 배를 타게 된다. 죽으나 사나 한 팀이고 한 운명이다. 성격이 어떤지, 어떤 습관을 가지고 있는지, 활을 쏠 때 어떤 실수를 주로 하는지 등등 제대로 파악도 안 된 각양각색의 선수들을 한 팀으로 이끌어야 한다.

그런데 이렇게 처음 보는 선수를 이끌게 될 때, 그리하여 선수와 지도자의 관계로 연습장에 서게 되었을 때, 내가 하는 맨 첫 번째 일은 '입 다물고 가만히 있기'이다.

활을 들고 활을 쏘는 모습을 보고 있노라면 각 선수마다 지적해 줄 사항들이 한두 가지가 아니게 마련이다. 지금 당장이라도 다가가 자세를 고쳐 주고 잔소리를 해 주고 싶은 마음이 굴뚝같다. 윗사람의, 혹은 리더의 눈에 아랫사람이나 조직원의 결점이 잘 들여다보이는 것은 어느 사회, 어느 경우나 마찬가지이다. 눈에 뻔히 보이는 것들은 항상 보이게 마련이고, 그걸 당장 지적하고 고치라고 지시하는 것은 경험자라면 누구나 할 수 있는 일이다.

그러나 나는 그러한 기술적인 사항들에 대해서는 단 한마디도 하지 않는다. 다만 가만히 뒤에서 지켜보기만 한다. 자세를 지적해 주고 싶어도 처음에는 꾹 참고 이야기하지 않는다. 그렇게 한 달이 간다. 한 달이 지나도록 가타부타 말없이 지켜보기만 한다. 선수들이 자신의 등 뒤로 나의 시선을 의식한다는 것을 나는 알고 있다. 알면서도 그냥 보기만 한다.

그저 등 뒤에서 가만히 지켜보고 있다가 연습이 끝나면 돌아서서 가 버린다. 기껏 한다고 하는 말이란 "오늘은 컨디션이 어때?" "잘돼 가나?" 하고 가볍게 물어보는 게 다다. 그런 상태에서 때로는 거의 두 달이 다 되어 가도록 아무 얘기도 해 주지 않는 경우도 있다.

그러면 선수는 슬슬 답답해지기 시작한다. 저 감독이 나한테 뭔가 말을 해 줄 것 같은데 안 하고 가 버리니 속으로 의아해진다. 그런데 선수가 속으로 그런 생각을 하기 시작했다는 것을 내가 아는 순간부터, 나는 그 선수가 내게 길들기 시작했다는 것을 안다. 최소 한 달을 관찰하다 보면 그 선수에게 어떤 결점이 있는지, 장단점이 무엇이고 무엇을 개선해야 하는지 이미 나는 파악한 상태다. 그러한 상태가 되면 이제는 선수가 먼저 내게 말을 건넨다. 상대방이 자발적으로 커뮤니케이션을 시작하는 순간이다.

"저……, 감독님! 제 자세가 어떻습니까?"

그럼 나는 묵묵히 있다가 무뚝뚝하게 한마디 던진다.

"글쎄……. 좀 더 두고 보자."

그러고는 어슬렁어슬렁 가 버린다. 선수로서는 황당하고 답답해서 미칠 노릇이다. 나 역시 그런 심정을 안다.

그다음 날. 이번에도 나는 연습하는 선수들 뒤에서 가만히 지켜보고 있다. 몇 시간이 지나, 어제 "제 자세가 어떻습니까?"라고 물어봤던 선수가 활을 쏘다가 머뭇거리며 내게로 다가온다.

"저어……, 감독님! 제가요, 이렇게 하는데 잘 안 되거든요."

그러면 나의 반응은 대개 이렇다.

(고개만 끄덕끄덕 하다가) "……. 그래. 내가 봐도 문제가 있더라."

"……."

"……."

"저어……, 제가요, 그래서 세 가지 방법으로 다르게 해 봤습니다. 그런데 저는 오른쪽으로 하는 게 저한테 맞는 것 같은데요……."

"……. 그래, 그럼 그렇게 해 보자."

몇 발을 더 연습한 선수가 다시 내게로 온다. 그제야 나는 좀 더 구체적인 지적을 해 준다. 그동안 그 선수를 관찰하고 파악한 결과다. 그 결과를 토대로 그 선수에게만 말해 줄 수 있는 해답을 제시한다. 그 선수가 가장 궁금하고 답답해했던 부분이다.

"너 같은 경우에는 말이야, 이런 방법이 있어. 첫째는……, 둘째는……."

그때 선수는 '아하!' 하고 속으로 고개를 끄덕인다. 자신의 가려웠던 곳을 정확히 긁어 주었기 때문이다.

선수는 스스로 자신이 먼저 자신의 문제점에 대해 고민했고, 나는 그동안 그것을 관찰하고 있었다. 선수는 자신이 어느 길로 가야 할지를 자발적으로 찾아 나섰고, 나는 마치 걸음마를 시작한 지 얼마 안 된 자식을 지켜보듯 그의 등 뒤에서 모든 것을 지켜보았다. 그러다 가장 결정적인 순간에 그 선수의 손을 잡아 준다.

한두 달 후, 선수들은 "저 감독님, 족집게 같다."라고 입을 모은다. 사실은 본인이 먼저 나에게 답을 보여 주었고, 나는 다만 그 선수에게 맞는 정확한 방법을 콕 집어 제시해 주기만 한 것인데도 말이다.

나는 말을 굉장히 아끼는 편이다. 내가 선수에게 말을 하느냐, 선수가 내게 말을 많이 하게 하느냐 중에서 후자에 무게를 둔다. 질문을 하지 않는 과묵한 선수에게도 싱긋 웃으며 "어때?" 한마디 해주는 게 다다. 이때 '저절로 선수가 지도자에게 먼저 질문을 할 수밖에 없게 만드는 테크닉'이 바로 선수 장악 능력이다. 침묵만으로도 선수가 먼저 내게 오게끔 하는 것이다.

국가대표가 되어 처음으로 만나게 된 선수, 내가 한 번도 지도한 적이 없는 낯선 선수를 올림픽 준비 기간이라는 짧은 기간 안에 내 선수들로 만드는 열쇠, 그 열쇠의 첫 걸음은 내 경우엔 바로 침묵을 가장한 관찰이다.

만난 지 며칠 되지도 않아, 나도 상대방을 모르고 상대방도 내 지도 스타일을 모르는데 그런 선수에게 연습 모습을 보자마자 다가가 '네 자세는 이걸 고쳐야 하고, 넌 어떤 문제가 있고……' 등등의 지적부터 해 주었을 때 상대방이 일차적으로 느끼게 되는 감정은 깨달음이 아니라 반발심, 그리고 불신이다. 내 지적이 옳으나 아니냐의 문제가 아니라, 자기가 이제까지 나름대로 하던 방식이 있기 때문에 아무리 나의 지적이 옳더라도 쉽게 받아들이지 못하는 것이다. 그것은 너무나도 당연한 사람의 심리다. 리더에 대한 불신과 반발이 있을 경우에는 리더가 아무리 옳은 충고를 하더라도 그것이 상대방에게 받아들여지기는 힘들다.

그래서 최대한 말을 아끼고 관찰하는 것이다. 그 선수의 성격이 어떤지, 어느 단계에서 어떠한 잘못된 습관을 가지고 있는지, 어느 순간에 무슨 실수를 곧잘 하는지는 물론이거니와, 체력 훈련 시 운동장을 20바퀴 뛰었을 때 몇 분 몇 초에 뛰는지, 체력은 어느 정도인지, 유연성은 어떤지 면밀하게 관찰하고 기록하면서 그 선수를 손바닥 위에 놓고 보듯 속속들이 파악하는 것이 내 일이다. 침묵하고 관찰하는 한두 달 동안 나는 말 한마디 없이 선수를 내 손 위에 놓고 장악한다. 그리고 선수가 먼저 자신의 문제점을 깨닫고 내게 도움을 청하도록 자연스레 유도한다.

리더는 모든 팀원들의 능력과 장단점을 완벽하게 파악하고 장악하고 있어야 한다. 100퍼센트의 능력을 가지고 있는 선수에게 얼핏 겉모습만 보고는 당장 내일까지 140퍼센트를 해 내라고 한다거나, 혹은 반대로 그에 훨씬 못 미쳐 60퍼센트만 해내라고 한다면, 차라리 운동을 하지 말라고 하느니만 못하다. 리더가 아랫사람을 제대로 파악하지 못했을 때 팀원의 능률은 떨어지고 팀의 활력도 떨어진다. 선수 개개인에게 맞는 가장 적절한 훈련 방법을 찾아 주고, 가장 정확한 훈수를 해 주는 것이 지도자의 할 일이다.

눈빛만 봐도 그가 뭘 원하고, 뭘 아쉬워하고, 뭘 힘들어하는지, 어디를 가려워하는지 알 수 있는 정도가 되는 것, 그 시작이 바로 관찰이다. 마음만 앞선 잔소리보다는 차라리 진중한 침묵의 잠재력이 더 강하다.

스포츠뿐만이 아니라 사회생활을 하다 보면 알게 된다. 말하는 것보다 듣는 것, 지적하는 것보다 먼저 관찰하는 것이 중요하다는 것을. 나는 말을 아끼되 주로 듣는 편이고, 잔소리나 지적을 자제하고 주로 맞장구를 쳐 주는 편이다. 그러다 보면 모든 이야기가 다 나온다. 상대방이 내게 하고픈 이야기, 내가 상대방에게 해 주고 싶었던 이야기가 실타래 풀리듯 저절로 풀려 나오기 시작할 때가 있다. 그다음부터 소통은 한결 수월해진다. 나는 경청하고 있다가 고개를 끄덕끄덕하고는 이미 내 속에서 정리되었던 내용을 한마디씩 던져 준다.

"그래, 그것도 좋은 방법일 수 있지."

"그런 경우엔 이렇게 해 보지."

문제의 해답은 그때부터 나오기 시작한다. 나는 정리만 해서 해답을 던져 줄 뿐이다. 그때부터 선수들은 한결같이 이렇게 생각한다. '저 사람이 있으면 다 해결된다.'고.

말 한마디 않고도 '해결사' 같은 존재가 되어 주는 것, 그 초석은 구성원에 대한 빈틈없는 관찰이다.

서거원의 Winning Secret 13

죽는다는 생각이 신체의 죽음을 가져온다

프랑스의 바스티유 감옥에서 사형수를 대상으로 실험을 했다. 눈을 붕대로 감아 아무것도 보지 못하게 하고 커다란 널빤지 위에 눕게 한 다음 요동치지 못하게 팔다리를 묶어 놓고 사형집행인이 말한다.
"오른팔의 동맥을 끊어 죽게 하는데 별 고통이 없을 것이니 마음 편하게 먹으시오."
오른팔 밑에는 물통을 놓고 동맥을 칼등으로 끊는 흉내를 낸 다음 물통에 물방울이 떨어지는 소리가 들리도록 장치를 한다.
"피가 콸콸 흐르는군요. 조금만 참으면 끝납니다."
이렇게 하는 동안 죄수는 기를 쓰다가 숨을 멈췄다. 죽는다는 생각이 신체의 죽음을 가져온 것이다.

― 인터넷 사이트에서

사람은 말하는 대로, 마음먹는 대로, 믿는 대로 된다.

마음을 장악하는
대화의 리더십

지금까지 써 왔던 가짜 소통의 가면을 벗어 버리고 당신만의 진심 어린 직구를 던져라.
_ 하지현, 『소통의 기술』

결정적인 말 한마디가 결정적인 순간을 만든다

    텔레비전 화면 속에서 양궁 선수들의 표정을 본 적이 있을 것이다. 올림픽 경기가 치러지는 현장에서 그들의 표정은 묵묵하고 차분해 보인다. 화살 한 발에 메달이냐 아니냐가 걸려 있는 일촉즉발의 순간인데도 도무지 속으로 무슨 생각을 하고 있는지 짐작이 가지 않는다. 그저 담담하게 활시위를 당기고 있는 것처럼 보인다.
    그러나 선수들 뒤에 서 있는 나는 알고 있다. 꽉 다문 입으로 눈썹 하나 까딱 않고 활을 드는 그들이 지금 얼마나 말도 못하게 긴장하고 있는가를. 공황에 가까울 정도로 '떨고' 있다는 것을. 무표정한 눈빛, 배시시 웃는 입매 하나만 봐도 지금 어떤 상태인지 손금 보듯 보이는 것이다.

자기 차례가 되어 나가는 선수의 어깨를 일부러 팍 쳐 주며 외친다.

"정신 차려! 잘할 수 있지? 걱정 없지?"

말하자면 충격요법을 주는 것이다. 그러고는 '파이팅'을 외치며 선수와 손바닥을 부딪쳐 하이파이브를 한다. 그 순간 선수의 손에서 땀방울이 팍 튄다. 긴장 때문에 손바닥에 흥건하게 땀이 배 있었던 것이다.

이런 행동은 각 선수마다 달라야 한다. 정신 차리라며 심리적 충격을 줘야 하는 선수가 있는가 하면, 어깨를 툭툭 치며 부드럽게 격려를 해 줘야 하는 선수도 있다. 선수 개개인의 성격에 따라, 그 순간 그 선수의 기분과 컨디션에 따라, 상황에 따라, 경기장의 그날 분위기에 따라, 선수들의 긴장을 풀어 주기 위해 해야 할 말과 행동과 표정이 다 다르다.

그러나 지도자라는 사람이 무슨 대단한 독심술이라도 있어서 선수의 마음을 읽어 낼 수 있는 건 절대 아니다. 선수의 심리를 속속들이 알 수 있게 되려면 긴 시간 동안의 동고동락, 그리고 셀 수 없는 대화의 과정이 있어야 한다.

양궁 훈련 프로그램은 선수 개개인의 특성을 완벽하게 파악할 수 있도록 개인별로 짜여진다. 그 개인별 프로그램의 핵심 요소는 바로 커뮤니케이션이다.

A선수는 굉장히 침착하고 섬세한 것 같지만 그 내면을 자세히 들여다보면 매우 다혈질이고 의외로 덜렁대는 성격일 수 있다. 반면 B선수는 떠들썩하고 활달한 것 같지만 의외로 소심한 구석이 있을 수 있다. 겉으로 보아서는 알 수 없다. 그러므로 각 선수에 맞는 훈련 프로그램을 정밀하게 만들어 줘야만 그 선수가 100퍼센트 기량을 발휘할 수 있다. 그런 것을 모른 상태에서 그저 "잘할 수 있지! 파이팅!" 하고 툭 던져 주어서는 안 된다. 끊임없는 커뮤니케이션, 대화를 통한 교감 과정을 통해 어떤 순간 어떤 말을 해줘야 하는지를 다 계산하고 있어야 한다. 팀이 공통의 목표를 달성하고 팀원 하나하나가 기량을 극대화할 수 있게 하기 위해서는 대화의 과정이 필수다.

진심 어린 직구만을 던져라

올림픽이 치러지기 전에 10개월 동안 함께 훈련을 하다 보면 별별 선수가 다 있다. 독특한 성격을 가진 선수, 자기 주관이 뚜렷해

황소고집인 선수, 또 요즘 어린 세대들은 나름대로 다 귀하게 자라 이기적인 성향이 강해 자기밖에 모르는 선수들도 많다.

꽈배기 공장에 가면 딱 좋겠다 싶은 선수도 꼭 있다. 매사에 부정적이고 불평불만이 많은 조직원, 좋은 일이 있으면 앞장서 나오다가 조금만 못마땅하고 손해 본다 싶으면 어디론가 사라지는 조직원이 어느 조직에나 꼭 있다.

선수들도 마찬가지다. 어떤 선수는 자기는 개인전에서만 잘하면 그만이라고 생각하는 선수도 있다. 나 혼자만 잘하면 되고 단체전은 중요하게 여기지 않는 것이다. 개인전에서 금메달을 딸 정도로 실력 있는 선수가 단체전에서 죽을 쑤는 경우도 실제로 있었다. 팀 전체의 팀워크를 신경 쓰지 않아 단체전에서는 심리적으로 무너지고 승부 근성이 떨어진 탓이다.

그런 구성원은 팀워크 차원에서 보면 마이너스 요인이다. 그런 선수, 그런 조직원을 어떻게 처리할까? 정말 밉지만 다 큰 어른을 때릴 수도 없고, 출중한 실력으로 여기까지 온 선수를 맘에 안 든다고 내쫓을 수도 없는 노릇이다. 방법은 하나밖에 없다. 꽈배기 같은 마음, 부정적인 마음이 스르르 풀릴 때까지 대화하고 또 대화하는 것이다. 닫힌 마음의 문이 열릴 때까지 그 문을 두드리고 기다리는 것이다. 끝까지 기다리는 것이다.

물론 얘기 좀 해 보자고 해서 한 번에 마음을 여는 선수는 아무도 없다. 다들 처음에는 자기 얘기를 안 하려 든다. 그럴 경우에는 이렇게도 찔러 보고 저렇게도 찔러 본다. 가끔씩 회식도 한다. 술도 한잔씩 하면서 이야기의 장을 마련한다. 그렇다고 회식 자리에서 "넌 이 점을 고쳐라." "넌 그 부분을 바꿔야 돼!"라고 강요하거나, 평소 못마땅했던 점을 질책하는 게 아니다. 다만 아무렇지 않은 듯 조금씩 던져 준다.

"그래, 네 말이 맞아. 그런데 거기에서 이런 식으로 조금 바꿔 보면 어떨까?"

상대방이 자기 자신에 대해 스스로 생각할 수 있도록 의문을 던져 주는 것이다. 상대방의 의견을 우선 긍정하되, 내 생각을 슬쩍 던져 준다. 이때 선수를 내 자식이라고 생각하면 의외로 문제가 간단해진다. 내 아들, 내 딸이라고 생각하면 아무리 고집불통이거나 마음이 닫혀 있는 선수라 해도 이해 못할 게 없다.

한창 젊은 나이의 선수들이므로 저마다 고민거리도 많다. 집안이 어려운 경우도 있고, 부모님이 편찮으셔서 속으로 걱정이 많은 선수도 있다. 이성 문제로 고민하는 경우도 많다. 혹은 자신이 팀에서 대접을 잘 못 받고 있는 것 같아 불만인 경우도 있고, 실업팀의 경우 연봉과 관련된 문제로 불평이 쌓이는 경우도 있다. 그런 여러 가지 개인적 고민들이 겉으로 잘 표출되지 않고 속에 쌓여 있으면 성적에도 영향을 끼친다.

그럴 때는 윗사람이 아니라 형처럼 아버지처럼 편안하게 만나 속내를 드러내도록 유도한다. 하루 날 잡아 밖에서 맥주잔이라도 기울이면서 그냥 '수다'를 떨며 같이 놀다 오는 것이다. 양궁 이야기는 집어치우고 최근에 본 영화 얘기도 하고 요즘 사귀는 이성친구 얘기도 듣는다.

이때 절대로 '윗사람인 내가 아랫사람인 너와 대화를 시도해야겠다.'는 의도를 가지고 접근해서는 안 된다. 권위의식이나 훈계, 의도성이 개입되어서도 안 된다. 나와 똑같다는 것을 느끼는 순간 상대방의 마음도 조금씩 열리기 시작한다. 나부터 마음을 터놓고 내 이야기를 해 준다. 고등학교 때 사고를 치고 말썽을 부렸던 이야기, 아내와 만나 연애하던 시절의 이야기, 예전에 부모님이 병환으로 돌아가셔서 무척 힘들고 고통스러웠을 때의 심정, 심지어 부부 싸움했던 얘기까지 시시콜콜 속내를 털어놓는다. 내 치부를 드러내는 것을 주저하지 않는다. 그러면서 마음으로 접근한다. "너 지금 심정이 그렇지?" 하면서 다독여 준다.

"내가 너보다 나이가 많고 어른이니 너는 이렇게 살아야 한다." 는 훈계조의 이야기를 꺼내는 순간, 즉 자신의 권위의식이 상대방에게 의도적으로 드러나는 순간, 상대방의 마음은 조개가 입을 닫듯 굳게 닫힌다. 심지어 멀리 도망가 버린다. '아, 저 어른도 나랑 똑같은 고민을 안고 살았구나.' 하고 느껴지게끔 해야 한다. 스스로 마음을 열 때까지 강요하지 말고 참고 기다려 줘야 한다. 진심과 진정을 다해, 윗사람이 아니라 동등한 인격체로서 이야기하는 것이다.

리더의 뱃속은 시커멓게 타 있다

개개인에 대한 관심과 진심 없이는 선수들이 지도자를 믿고 따라오지 않는다. 이 모든 게 대화에서 시작되고 완성된다. 그렇게 기다리고 또 기다려 주면 언젠가는 상대방도 자기 이야기를 하기 시작한다. 그런 과정 속에 그 선수가 어떤 성향을 가지고 있는지 심리적인 핵심요소가 파악된다. 어떤 이야기를 해 주면 좋아하는지, 어떤 이야기를 해 주면 자존심이 상해하고, 어떤 이야기를 어떤 말투로 해 주면 투지가 솟구치더라는 것, 어떤 말을 해 주면 기분 좋아하더라는 것을 알 수 있게 된다.

선수마다 다른 특성들, 심리적 핵심요소들을 전부 체크하고 있다가 시합 10분 전, 5분 전, 3분 전, 그리고 시합 직전의 극적인 순간에 단 한마디의 말로 풀어 내야 한다. 긴장을 이완시켜 주고 능력을 최대한 끌어 내면서 실수를 최소화할 수 있는 단 한마디의 말, 단 한순간의 손짓과 눈짓이 성적에 어떠한 영향을 끼치는지는 오직 지도자만이 안다.

　내가 지도하는 선수, 내가 이끄는 팀원의 마음을 열게 하기 위해서는 진심 어린 직구만을 던져야 한다. 직구를 던졌을 때 선수도 비로소 마음을 연다. 마음의 문은 한 번에 열리지 않는다. 시간, 끈기, 진심만이 해답이다. 진심이 단 한 조각만 빠져도 불가능하다. 그래서 나는 사람들에게 종종 우스갯소리로 말한다. "내 뱃속을 열어 보면 아마 시커멓게 타 있을 것이다."라고. 그렇게 시커멓게 타 있는 것이 바로 리더의 뱃속이다.

> ● 서거원의 Winning Secret 14 ●
>
> **진주는 어떻게 만들어지는가**
>
> 모래알 하나가 우연히 조개껍질 안으로 들어오면 조개는 점액을 분비해 모래알을 겹겹이 감싸 결국 둥글고 딱딱하며 영롱하게 빛나는 진주를 만들어 낸다. 잘못 들어온 이물질을 자기 안에서 받아들이고 새로운 형태로 창조해 내는 것이다. 조개에게 팔이 있었다면 진주는 없었으리라. 오랫동안 그 이물질과 함께 존재할 수밖에 없는 상황이었기 때문에 진주가 만들어지는 것이다. 실수로 들어간 이물질이 진주로 변한 것처럼, 실수는 미처 알지 못했던 가능성을 열고 그 자체로 창조성의 원천이 된다.
>
> *가끔씩 실수는 오히려 추구해야 될 대상이 된다.*

끝까지 손 잡아 주는
기다림의 리더십

극도의 위험에 처하면 두려움이 없어진다
_ 『손자병법』, 구지편

9번의 번지점프, 그리고 선수의 비명

 6월의 하늘은 푸르고 날씨는 기가 막혔다. 유난히 화창한 초여름 날씨였다. 그러나 고개를 숙여 발밑을 내려다보면 절로 오금이 저렸다. 까마득하게 높은 난간 아래 펼쳐진 새파란 호수를 보면 정신이 다 아득해진다. 호반이 아름답기로 유명한 충주호, 그곳에 있는 높이 65미터짜리 번지점프대 앞에서 선수들이 긴장된 표정으로 자기 차례를 기다리고 있었다.
 남들은 즐겁게 놀러 와 재미 삼아 해 보는 번지점프지만 양궁 선수들에겐 이 또한 훈련의 일환이다. 극기와 담력을 키우기 위해 양궁 선수들이 치르는 수많은 훈련 중 하나가 바로 이 번지점프다. 당시 선수들은 한 달 후에 있을 세계선수권대회를 코앞에 두고 맹훈련 중인 상황이었다.

언제나 그렇듯이 먼저 뛰어내리는 것은 선수들이 아니라 감독과 코치들이다. 양궁의 다른 모든 훈련 과정에서 그렇듯 지도자들도 선수들과 똑같이 훈련을 한다. 나이 많은 감독과 코치들이 젊은 선수들보다 먼저 시범을 보이며 뛰어내린다. 예외는 없다.

경력 많은 지도자들이라고 해서 극기훈련이 무섭지 않은 것은 절대 아니다. 나 역시 번지점프대에 오를 때마다 나도 모르게 다리가 후들거리고 힘이 풀린다. 국가대표 감독쯤 되었으니 훈련 자체에서는 한발 물러나서 선수들이 훈련하는 모습만 지켜보고 서 있어도 누가 뭐라 할 사람은 없다.

그러나 아무리 힘든 훈련이라도 리더가 먼저 몸소 하는 것과 리더가 뒤로 빠지고 안 하는 것이 선수들의 심리에 미치는 영향은 하늘과 땅 차이다.

그날도 지도자들에 이어 선수들이 차례로 번지점프대에서 뛰어내렸다. 여자 선수 딱 한 명만 남았다. 그 선수만 뛰어내리면 다 같이 숙소로 돌아갈 수 있었다. 그런데 아까부터 얼굴이 새파랗게 사색이 되어 가지고는 거의 울다시피 하고 있는 것이었다. 여자팀 감독을 통해 듣자 하니 원래부터 고소공포증이 있어서 높은 곳에 못 올라간다고 했다.

우선은 팀을 철수시키고 여자팀 감독과 따로 상의를 했다.

"어떻게 할 거야?"

"어떻게 할까요?"

"어떡하긴 뭘 어떡해. 다시 가자고."

그래서 이튿날 그 선수와 여자팀 감독, 코치와 네 명이서 다시 충주호로 나섰다. 번지점프대 앞으로 가니 그 선수의 얼굴이 다시 하얗게 질렸다. 여자팀 감독이 그 선수를 데리고 앉아 찬찬히 설득을 했다. 왜 뛰어야 하는지에 대해 충분한 타당성을 심어 주기 위해서다.

"넌 배짱도 근성도 다 가지고 있어. 너만 못 뛰어내릴 이유가 없어. 그냥 눈 딱 감고 뛰어내리면 돼. 이걸 못하면 아무것도 못 한다고 생각하고 뛰어 봐."

붙들고 앉아 얘기하는 동안 30분이 지났다. 감독의 이야기를 가만히 듣고 있던 그 선수는 마침내 고개를 끄덕끄덕하며 대답했다. 결심을 한 표정이었다.

"감독님, 저 할 수 있을 것 같아요."

사색이었던 안색도 아까보다 나아진 것 같았다. 여자팀 감독과 나는 선수와 함께 번지점프대에 올라가 등을 두드려 주며 외쳤다.

"그래, 넌 할 수 있어! 넌 얼마든지 할 수 있어! 이번에는 진짜 뛰어내리는 거다! 파이팅!"

그렇게 해서 그 선수는 번지점프대 위에 다시 섰다. 그런데 발밑의 푸른 호수를 딱 내려다본 순간 그 선수가 우리를 돌아보며 다시 주저앉는 것이었다.

"감독님, 진짜 못하겠어요."

정말 미치고 팔짝 뛸 노릇이었다. 못 뛰겠다는데 억지로 밀 수도 없지 않은가. 이럴 경우에는 다른 훈련 때와 똑같은 방법을 쓴다. 그 선수를 지도하는 감독이 솔선수범해서 먼저 뛰어내리는 것이다.

감독이 뛰어내린 다음 다시 올라와서 한 30분 동안 선수를 설득하고, 그래도 안 되자 감독이 또 뛰어내리고, 다시 올라와서 선수 붙들고 설득하다가 도저히 못 뛰겠다고 하니 또 뛰어내리고……. 그렇게 하기를 무려 9번! 여자팀 감독이 무려 9번을 뛰어내린 것이다.

선수는 선수대로 몸 둘 바를 모르고 안절부절못하다가, 감독이 설득하면 결심했다는 듯이 번지점프대 앞에 섰다가 또다시 주저앉고, 선수나 지도자나 완전히 탈진 상태가 됐다. 1번 뛰어내리는 비용이 4만 원인데, 여자팀 감독이 연달아 9번을 뛰어내리는 걸 보고는 번지점프대 관리자가 안돼 보였는지 뒤에 4번 뛴 것은 아예 돈을 받지 않겠다고 했다. 그런데도 그날 그 선수는 결국 뛰어내리지 못했다. 날이 저물어서 우리는 철수할 수밖에 없었다.

다시 셋째 날. 이번에는 여자팀 감독은 물론이고, 그 선수가 소속되어 있는 실업팀 감독까지 같이 충주호로 갔다. 지도자들이 총동원해 그 선수 한 명을 설득하기 위해서다. 소속팀 감독과 여자팀 감독이 선수를 설득한 다음 보란 듯이 먼저 뛰어내렸다. 사실 소속팀 감독이야 소속 선수를 대표선수로 키운 죄밖에는 잘못한 게 없는데도 말이다. 자기를 지도하던 감독들이 연달아 3번을 뛰어내리자 그 선수도 더 이상 그 광경을 못 보겠던지 아예 엉엉 울음을 터뜨렸다.

"제가 뛰어내려야 하는데……. 정말 뛰어내려야 하는데……. 감독님한테 미안해서 어떻게 해요……. 죄송해서 어떡해요, 죄송해서……."

선수는 발을 동동 구르고 거의 미칠 지경이 되었다. 3번을 뛰어내린 감독들이 다시 올라와서 숨을 헉헉 내쉬며 그 선수에게 애원을 했다.

"야, 제발 우리 좀 봐줘라. 우리도 죽겠다. 감독님이 불쌍하지도 않냐? 응?"

그러고 나서 감독들이 네 번째로 뛰어내리려고 준비를 하고 있던 중이었다. 그때 갑자기 등 뒤에서 찢어지는 비명소리가 울렸다.

"꺄~ 악!"

감독들이 깜짝 놀라 뒤를 돌아보니 그 선수가 사라지고 없었다. 이미 번지점프대에서 뛰어내린 후였다. 너무나도 순식간에 벌어진 일이라 감독들은 모두 입을 쩍 벌렸다. 다리에 밧줄은 매고 뛰어내린 게 천만다행이었다. 그때 그 선수는 번지점프를 하는 심정이 아니었을 것이다. 아파트 옥상에서 자살하는 것 같은 심정으로 죽자고 악을 쓰고 뛰어내린 것이다.

충주호에서 그 일이 있고 나서 한 달 후 그 선수는 세계선수권대회에서 가장 우수한 성적을 거뒀다. 그리고 그 후로는 고소공포증을 완전히 극복해 번지점프쯤은 망설이지도 않고 단번에 뛰어내릴 수 있게 됐다.

만약 충주호에 간 첫날 그 선수가 뛰어내리지 못한 것을 지도자들이 내버려 두었다면 그 선수의 한계는 딱 거기까지였을 것이다. 자기 자신을 넘어설 엄두를 내지 못하고 자신은 고소공포증이 있으니 어쩔 수 없으려니 하고 처음부터 포기했을 것이다.

그러나 그 선수에게는 기다려 주는 지도자들이 있었다. 선수를 끝까지 믿고 기다려 줬을 뿐만 아니라 지도자들이 몇 번이고 연달아 뛰어내리는 모습을 보여줌으로써 몸소 선수를 설득했다. 단 한 명의 구성원까지도 함께 데리고 가겠다는 끈기와 기다림이 그 선수를 자발적으로 뛰어내리게 했다.

끝까지 믿고 기다려 주는 끈기, 억지로 등을 미는 것이 아니라 스스로 가겠다고 할 때까지 손을 잡아 이끄는 기다림의 리더십이 한 명의 선수로 하여금 자신의 한계를 극복하게 만들었다.

서거원의 Winning Secret 15

고통은 마음먹기 나름

고통을 겪고 어려움에 처할 때마다 편한 곳으로 도망만 다닌다면 그의 인생은 업그레이드되지 못한다. 그 어려움을 극복하지 못하면 나의 인생은 좌절될 뿐이다. 하지만 견디어 내기만 하면 나는 한 단계 더 전투력이 배양된 것이다. 다시 한 번 더 강조하면 "나를 죽이지 못하는 고통은 나를 더 강하게 단련시켜 줄 뿐이다!"

― 군대 화장실마다 있는 명언

고통은 성공을 위한 시련이 될 수도,
삶의 고통이 될 수도 있다.

훈련할 때만큼은 독해진다,
독종 리더십

⋮

오늘이 생의 마지막 날인 것처럼 살아라.
_ 리처드 칼슨, 『우리는 사소한 것에 목숨을 건다』

장면 1 _ 한겨울, 신새벽의 강바람

모두가 잠든 자정의 태릉선수촌 숙소. 하루 종일 수백 발의 활을 쏘며 고된 훈련을 하고 난 선수들이 한창 단잠에 빠져 있는 시간이다. 그러나 단잠을 깨우는 소음이 고요한 숙소 안을 뒤흔들기 시작한다.

"모두 기상! 집합!"

시간은 밤 12시. 숙소 앞에는 남녀 16명의 선수들을 태울 차가 기다리고 있다. 운동복을 갖춰 입었지만 선수들의 얼굴에는 아직 잠이 덕지덕지 묻어 있다.

선수들을 전부 태운 차가 밤길을 달려 도착한 곳은 한강 천호대교 북단, 다리 바로 앞이다. 도착 시간은 밤 12시 반. 눈곱도 안 떨어진 졸린 눈을 비비며 차에서 내린 선수들은 곧장 그때부터 걷기 시작한다. 단, 다 같이 걷는 것이 아니라 한 사람씩 띄엄띄엄 출발한다. 첫 번째 사람이 출발한 후 3~4분 후 뒷사람이 출발한다. 앞사람과 뒷사람 사이의 간격이 1킬로미터가 될 수 있도록 하기 위함이다. 최종 목적지는 여의도 63빌딩이다.

천호대교에서 63빌딩까지의 도보 거리는 총 26킬로미터다. 다리를 건너 강을 따라 걷기 시작하므로 시내의 밤길과 달리 강바람이 장난이 아니다. 직접 맞아 보지 않은 사람은 그 강도를 짐작하지 못한다. 한겨울, 그것도 가장 기온이 낮은 날 자정부터 새벽 시간에 한강에서 불어오는 매운 칼바람이 얼마나 뼛속까지 에이도록 매서운지 모른다.

그렇다고 뛰어서도 안 된다. 최대한 빠른 경보 속도로 걸어야만 해야 한다. 또한 2인 1조 식으로 둘이서 같이 걷지도 못한다. 절대적으로 혼자 걸어야 한다. 앞뒤 동료와의 거리가 1킬로미터이므로 앞사람의 등이 보이지도 않는다. 둘씩 셋씩 같이 걸으면서 오밤중에 이게 무슨 고생이냐느니, 이게 다 감독 때문이라느니 하는 잡담이라도 나누다 보면 걷기가 훨씬 수월하기 때문이다. 혼자 걸어야 고통이 최대치가 된다. 역으로 말해, 고통이 최대치가 되어야만 고통을 홀로 감내하고 극복하는 훈련을 제대로 할 수 있는 것이다.

그렇게 칼바람을 맞으며 홀로 천호대교부터 여의도 63빌딩까지 그야말로 밤새도록 걷는다. 63빌딩 앞에 모두 도착하는 시간은 보통 아침 7시쯤 된다. 근처 해장국집으로 들어가 다 같이 한 그릇씩 먹는 뜨거운 국밥 맛이 천국보다 달다. 뼈 마디마디까지 얼었던 온몸이 단번에 녹아내리는 것만 같다.

그런데 그렇게 아침을 먹고 나서 이제는 숙소로 돌아가 밤에 못잔 잠을 자느냐? 절대 아니다. 다시 차를 타고 태릉선수촌으로 가면 여느 날과 똑같은 일상이 시작된다. 아침 9시부터 활을 쏘는 정상 훈련을 어제와 다름없이 그대로 하는 것이다.

장면 2 _ 제주도의 지옥 같은 밤

사방이 칠흑같이 어둡다. 눈앞에 아무것도 보이지 않을 정도로 깜깜하다. 이마에 매단 랜턴에서 비추는 희미한 불빛만이 앞길을 밝힐 뿐이다. 장소는 제주도지만 낮에 보이는 아름다운 풍광이 보일 리 없다. 돌, 여자 말고, 바람으로 유명한 곳이 바로 제주도라,

그것도 한겨울의 제주도 밤바람이 온몸을 후려쳐 제대로 서 있기도 힘들 정도다.

밤 9시에 제주시에 도착한 16명의 남녀 선수들, 그리고 감독과 코치는 그때부터 행군을 시작한다. 이번에도 역시 다 같이 걷는 것이 아니라 앞사람과 뒷사람의 거리가 1킬로미터를 유지하도록 따로 걷는다. 뛰어서도 안 되고 동료와 같이 가서도 안 된다. 제주시에서 출발해 천백도로를 넘어서 서귀포 중문, 표선까지 밤샘 행군이다. 외진 길이라 인적도 없고 가장 가까운 동료들은 앞뒤로 1킬로미터나 떨어져 있다.

그렇게 밤을 새고 해가 뜨고도 한참 뒤 서귀포에 도착한 시간은 출발 시간으로부터 11시간 후. 아침 겸 점심을 때운 후 이번에는 모두들 전용 버스에 올라탄다. 차를 타고 제주도를 한 바퀴 도는 건데, 그렇다면 밤샘 행군을 했으니 창밖이나 구경하다가 편히 눈좀 붙이게 하기 위해서냐? 전혀 그렇지 않다. 오히려 정반대로 선수들을 괴롭히기 위해서다.

방법인즉슨, 차 안에 올라타 히터가 나오면 밤새 추위에 떨며 걸었던 선수들은 곧바로 온몸이 나른해지며 졸게 되는데, 잠이 들만 하면 차를 세우고 모두들 내리게 해 바깥 관광을 시킨다. 그러면 찬바람을 쐬고 다들 잠이 번쩍 깬다. 그렇게 잠이 깨면 다시 승차시키고, 다시 잠들만 하면 차를 세우고 바람을 쏘인다. 한마디로 잠 안 재우는 고문이나 다름없다. 밤이 되면 간단히 야참을 먹은 후 다시 앞사람과의 거리를 1킬로미터 띄워서 어젯밤처럼 밤샘 행군을 한다. 그렇게 '무박' 3일. 밤에는 쉼 없이 걷고, 낮에는 버스에서 잠 못 자는 괴롭힘을 당한다. 행군의 최종 목적지는 한라산 정상이다.

마지막 날엔 날씨마저 궂어 겨울비가 쏟아졌다. 시야는 한 치 앞도 보이지 않았다. 한라산을 오르자 비가 눈보라로 바뀌었다. 눈보라가 몰아치는 한라산을 저마다 홀로 기어 올라갔다. 눈보라를 온몸으로 맞으며 올라가는 데는 거의 10시간이나 걸렸다. 그러나 무박 3일의 강행군을 단 한 명의 낙오자도 없이 모두 같이 해냈다.

장면 3 _ 감독과 함께 뱀 쇼를

양궁 선수들의 수많은 극기훈련 가운데 가장 고생스러운 것은 역시 특수 군사훈련이다. HID 훈련 중에는 남자들조차도 걸어가면서 자신도 모르게 오줌을 지릴 정도로 혹독한 코스로 구성되는 프로그램들이 많다.

어느 특수훈련 때는 뱀 소굴에서의 담력 훈련을 받은 일도 있었다. 개인적으로 나는 뱀과 쥐를 가장 무서워한다. 집에서 텔레비전을 볼 때도 '동물의 왕국' 같은 프로그램은 절대 보지 않고, 어쩌다 화면에서 뱀이 나오는 장면이라도 나오면 먹던 밥숟갈을 떨어뜨릴 정도로 공포증이 유별나다.

그런데 이 훈련 코스 중에 바로 내가 가장 두려워하는 뱀을 만나야 하는 순서가 있었다. 그것도 한 마리가 아니라, 전 세계의 뱀을 다 모아다 놓기라도 한 것 같은 뱀 소굴에 들어가야 했다. 어슴푸레한 방 안으로 발을 들여놓는 순간, 큰 뱀, 작은 뱀, 똬리 튼 뱀, 스멀스멀 기어 다니는 뱀들이 우글거리는 게 보였다. 방 한가운데는 커다란 드럼통 하나가 있었는데 그 안에도 뱀이 가득 들어 있어 절로 몸서리가 쳐졌다.

문제는 이 뱀을 보고만 있는 게 아니라 손으로 잡아야 한다는 것이었다. 통 속에 손을 집어넣고 직접 손으로 뱀을 잡아 올려야 하는데, 소름이 마구 끼쳐도 빠져나갈 구멍이 없었다. 방에서 한 발자국도 못 나가도록 훈련 조교가 지키고 서 있었기 때문이다.

찔러도 피 한 방울 안 날 것 같이 생긴 조교가 아무렇지도 않은 얼굴을 하고 서서는 내게 명령했다.

"하십시오!"

통 속에 있는 뱀을 집어 올리라는 소리였다. 이미 식은땀을 흘리고 있던 나는 차마 허허 웃지도 못하고 조교에게 슬쩍 속삭여 보았다.

"이봐, 조교. 나 감독이야, 감독! 내가 아니라 선수들이 잘하는지 보러 온 거라고."

그러나 조교는 눈썹 하나 까딱 않고 다시 명령했다.

"하세요!"

"아니, 이 사람아. 내가 감독이라니까!"

그러자 조교가 말했다.

"장군도 다 합니다."

도무지 말이 통하지 않았다. 텔레비전 화면으로만 봐도 구역질이 나던 뱀들이 바로 내 발밑에서 기어 다니는 바람에 공황에 빠진 나는 어떻게든 조교를 설득해 보려고 했다.

"난 장군 아니야! 감독이야, 이 사람아!"

그렇게 20분이나 승강이를 했다. 때는 삼복더위가 한창인 8월, 맨투맨 티셔츠에 트레이닝복 차림인 나는 선수들보다도 흠뻑 젖어 있었다. 식은땀 때문이었다.

코앞에 딱 지키고 서 있는 조교 앞에서 마침내 두 눈을 질끈 감고 통 속에 손을 뻗었다. 차갑고 섬뜩한 뱀 비늘이 손에 닿는 순간 다시 한 번 등골이 오싹했다. 차례로 두 마리를 잡아 올리는 동안 이미 내 온몸은 물속에 들어갔다 나온 것처럼 땀으로 범벅되어 있었다.

그런데 그게 끝이 아니었다. 뱀을 잡는 것으로도 모자랐던지,

조교가 굵은 뱀 한 마리를 들어 올리더니 내 목에 척 하니 감아 주는 게 아닌가!

이쯤 되니 공포증이고 뭐고 악에 바칠 지경이 되었다. 손에 쥐고 있던 뱀을 더 단단히 쥐고서는 조교더러 보라는 듯이 하라는 대로 해 보였다. 혓바닥을 날름거리는 살아 있는 뱀의 머리를 손에 쥔 채 입을 크게 벌린 다음 내 입 속에 잠깐 넣었다 빼 보인 것이다.

"잘 봐, 잘 봐! 했지, 했다!"

그걸 본 조교가 무심히 다시 명령한다.

"다시 하십시오."

"뭐어? 어떻게 다시 하란 말이야! 방금 했잖아!"

"입에 넣은 다음 머리를 이빨로 물고 계셔야 합니다."

"아니 그럼 처음부터 그렇게 말을 할 것이지!"

결과적으로 나는 조교가 하라는 그대로 할 수밖에 없었다. 감독인 내가 이랬으니, 나머지 선수들이 어떠했을지는 두말할 필요도 없을 것이다.

그래도 그때에 비하면 요즘에는 훈련이 많이 순해졌다. 뱀 대신 뱀장어로 바꿨기 때문이다. 그래도 파충류보다는 어류가 낫지 않은가.

이런 이야기들을 해 주면 사람들의 반응은 크게 두 가지다. 첫째는 양궁 선수들이 그런 힘든 훈련들을 할 줄은 꿈에도 몰랐다는 것이다. 그리고 둘째는 양궁 선수에게 도대체 왜 그런 극기훈련이 필요한가 하는 것이다.

간단히 얘기하자면, '뱀 쇼'를 포함한 극기훈련은 선수들이 활을 쏘는 마지막 순간 반드시 갖춰야 할 두둑한 '배짱'을 키우기 위함이다. 이런 훈련을 거쳐 낸 선수들에겐 어떠한 순간에도 두려워하지 않고 흔들리지 않는 담력이 생긴다.

밤샘 행군이나 잠 안 재우기 훈련 역시 극기훈련을 하기 위함이다. 그러나 그보다 더 중요한 목적이 있다. 그것은 바로 시차 적응 훈련이다. 수시로 외국 대회에 출전해야 하는 선수들에겐 비행기에서 현지에 내린 후의 시차 적응이 무엇보다 큰 악재로 작용하는데, 시차가 안 맞는다고 해서 마음대로 잠을 잘 수는 없기 때문이다.

리더는 동반자다

이러한 극한 상황의 훈련을 선수들만 하는 게 아니라는 점이 중요하다. 감독은 명령만 내리고 뒷짐 지고 멀찌감치 서 있는 것이 아니라, 선수들과 같이 행군하고, 같이 잠 못 자는 고통을 겪고, 같이 '뱀 쇼'를 한다. 똑같이 함께 따라가면서 선수들을 계속 독려한다. 나는 나이가 들면서 무릎 관절이 안 좋아져 무리를 하면 안 되는 상황인데도 선수들과 똑같은 과정을 거치며 함께 행군을 하고 경보를 했다.

선수들이 극한 상황을 극기할 수 있는 정신력과 팀원들 간의 동지애를 기르게 하는 것도 중요하지만, 그런 훈련을 지도자들도 똑같이 함께하고, 함께 밤잠 안 자고, 함께 고생하면서, 명령하는 존재로서가 아니라 솔선수범하는 존재로서 그들을 이끄는 점이 더욱 중요하다. '저 나이 많은 감독님도 우리랑 같이 하고 있구나.' '감독님도 하는데 내가 못하면 말이 안 되겠구나.' 하고 저절로 느껴지게끔 해야 한다.

흔히 스포츠라고 하면 맹목적인 훈련, 명령에 의한 지옥훈련, 보통 사람들은 흉내도 못 낼 극기훈련, 군기를 잡는다는 명목하의 일방적인 구타, 그런 것들을 생각하기 쉽다. 그러나 운동선수들도 사람이다. 일방적인 채찍질만으로는 한계가 있다. '우리가 왜 이런 훈련을 해야만 하는가?'에 대한 당위성, '어차피 해야 할 일이라면 해야지.' 하는 선수 스스로의 자각, '누군가 해야 할 일이라면 내가 해야겠다.' 하는 정신을 가져야만 고된 극기훈련도 비로소 효과를 발휘한다.

그러자면 훈련의 필요성에 대해 지도자와 선수들 간의 합의와 교감이 필요하다. 그리고 지도자가 선수들에게는 훈련만 시키고 그 시간 동안 자신은 차 안에서 편히 자거나 쉬는 것이 아니라, 지도자도 선수와 똑같이 고생하고 동고동락하는 존재라는 사실을 모두의 마음속에 심어 주어야 한다.

그래서 태릉선수촌에서는 매주 1시간씩 지도자와 선수들 간에 미팅을 갖는다. 미팅에서 논의하는 주제는 이번 훈련의 목표를 어떻게 잡아 접근할 것이며 어떤 종류의 훈련을 할 것인가이다. 그에 대해 선수 각자의 의견들을 모은다. 훈련 계획을 세움에 있어 선수들의 의견을 최대한 반영하기 위해서다. 인간의 한계를 하루에도 두 번 세 번씩 넘어서는 혹독한 훈련을 견뎌 내는 힘은 채찍이 아니라 '아, 이것은 내가 제안한 훈련 방식이지.' 하는 자각에서 나온다. 그렇게 자각하는 선수는 아무리 힘들어도 끝까지 이겨 낸다.

선수들의 의견을 최대한 존중하는 훈련일수록, 그래서 자발적으로 동참하는 훈련일수록 일방적이고 강압적인 훈련보다 효과가 높다. 그 과정을 선수들과 지도자들이 모두 똑같이 해야 한다. 지위도, 나이도, 위아래도 상관없다.

리더가 구성원들과 함께 고생하는 동등한 존재가 될 때, 그 조직의 잠재력은 인간의 한계를 넘어설 정도로 강한 괴력을 발휘한다.

곁에서 함께 땀을 흘리는 리더의 존재는 그 어떠한 강압보다 강력하다.

서거원의 Winning Secret 16

'된다, 된다!'와 '난 안 돼, 난 안 돼!'

우리는 컴퓨터와 비슷하다. 우리는 컴퓨터가 어떤 문제를 해결하거나 어떤 임무를 수행할 수 있도록 그와 관련된 정보와 지시를 제공하기도 하고, 이미 제공했던 것을 지워 버리기도 한다. 자기 자신에게도 그와 비슷한 프로그래밍을 할 수 있다. 우리는 '된다, 된다' 하면서 미래의 성공 쪽으로 자신을 이끌어 갈 수도 있고, '난 안 돼, 난 안 돼' 하면서 실패하는 쪽으로 스스로를 몰아갈 수도 있다.

어떤 사람들은 남에게 무슨 부탁을 할 때, '폐를 끼쳐서 죄송합니다만……' 하는 식으로 말을 시작한다. 또 어떤 사람들은 무슨 일을 해도 좋으냐고 물을 때 '이거 하면 안 되나요?' 하고 묻는다. 그들은 은연중에 자기들의 요구가 거절되는 쪽으로 상대방을 유도하는 것이다.

― 베르나르 베르베르, 『뇌』

발상을 전환하면 불가능한 미래가 가능한 미래로 바뀐다.

팔로워십을 유도하는
솔선수범 리더십

벌을 주지 말고 시간을 주어라.
_ 켄 블랜차드 외, 『칭찬은 고래도 춤추게 한다』

리더는 심리적인 파트너다

"양궁은 혼자 잘하면 되는 종목 아닌가요?"

사람들이 양궁에 대해 흔히 물어보는 질문 중 하나다. 여러 명이 한 팀이 되는 축구 같은 구기종목과 달리, 선수 혼자 경기장에 서서 혼자 활을 쏘기 때문일 것이다. 물론 활을 쏘는 것은 선수 본인이다. 양궁은 처음부터 끝까지 선수 본인이 책임져야 하는 스포츠다. 그러나 그렇다고 해서 양궁이 혼자 하는 스포츠는 아니다.

나는 양궁 선수가 되기 이전에 고등학교 축구팀에서 뛰었던 경험이 있다. 그 경험으로 인해 구기종목에 대해서도 어느 정도 그 본질과 생리를 알고 있다. 그런데 양궁을 하면서 느낀 것은, 혼자 하는 것처럼 보이는 양궁이 결코 혼자 하는 운동이 아니라는 사실이었다.

축구 같은 단체 구기종목의 경우에는 한 팀 내에서 각자의 포지션에 따라 저마다의 임무가 다르다. 어떤 전술이 정해지면 자기 포지션 내에서 맡은 바 임무만 수행하면 된다. 반면 양궁은 활을 들 때부터 타깃에 쏘고 난 다음까지 모든 과정을 선수 혼자서 책임져야 한다. 중간 중간에 발생하는 무수한 심적 갈등들을 혼자서 모두 감당해야 한다. 그래서 더욱 어렵다.

기술적인 조언자뿐만 아니라 정신적인 조언자, 심적인 동반자가 반드시 필요한 이유가 그래서이다. 그러한 양궁에 비하면 구기종목은 오히려 쉬운 종목이라 할 수 있을 정도다. 항상 더불어 살아가는 존재, 때로는 정신적 멘토가 되어 주는 존재, 그리고 전적으로 믿고 따를 수 있는 리더의 역할이 양궁에서는 무엇보다도 중요하다.

이는 매 순간마다 정신적으로 엄청나게 무거운 짐을 짊어져야 하는 양궁의 특성 때문이다. '너와 함께 가고 있다, 내가 여기 있다.'는 믿음을 주는 리더의 존재가 없다면 아무리 실력이 출중한 선수도 금세 흔들린다.

물론 활을 잘 쏘는 기술과 능력은 중요하다. 그러나 양궁에 개인전과 단체전이 함께 있는 것에서 알 수 있듯이 팀의 화합이 엉망이라면 아무리 혼자서 잘 쏘아도 전체 성적은 잘 나오지 않는다. 양궁에서 개인의 역량이 차지하는 비중이 20퍼센트라면, 나머지 80퍼센트는 팀워크에 있다. 개인과 조직이 최대 역량을 발휘하는 팀을 들여다보면, 그런 팀은 팀원 간에 분위기가 좋고 화합이 잘된다. 선수들의 실력도 뛰어나지만 다들 '나 하나로 우리 팀이 무너질 수 있다.'는 책임의식을 가지고 있다.

리더는 잔소리하지 않는다

어느 조직이든 리더보다는 팔로워가 많다. 성공적인 리더십과 훌륭한 팔로워십이 조화될 때 한 조직이 변화하고 성공한다. 양궁에서도 이러한 팔로워십 이론이 그대로 적용된다. 지도자의 리더십, 팀 선수들의 팔로워십, 이 두 가지 요소가 조화되어 '분위기 좋은' 팀, 화합이 잘되는 팀이 개인전에서도 단체전에서도 최고의 성적을 낸다.

과거와 달리 요즘에는 나이가 어린 선수들일수록 개인주의적인 성향이 강하다. 그래서 간단한 것 하나 시킬 때도 불만이 터져 나온다. 상대방이 감독이든 선배든 개의치 않는다. '자기는 안 하면서 왜 나한테만 시키나.' 하는 반발심을 가지고 따라오지 않는 경우가 많다.

방법은 간단하다. 리더부터 솔선수범하면 된다. 훈련 과정에서부터 청소하는 것까지, '내가 윗사람이니까.' '네가 나보다 어리니까.' 하는 생각 자체를 버려야 한다. 연습장을 청소해야겠다는 생각이 들면 내가 청소를 먼저 해 버리면 그만이다. 아침에 10분만 먼저 나가면 된다. 선수들보다 일찍 나가서 비질도 하고 의자도 닦고 물걸레도 빤다. 그러면 선수들이 아침 훈련을 나왔을 때 감독이 청소하는 모습을 보게 된다.

이삼 일만 지나면 선수들의 태도가 달라진다. 반년만 같이 생활해 보면 선수들은 안다. '저 감독님은 아침 몇 시까지 나오시니까 그 전에 청소해 놓자. 안 그러면 본인이 직접 팔 걷고 해버리는 사람이다.' 라는 것을. 1년쯤 지나면 청소하라는 잔소리 한마디 않고도 착착 잘 돌아간다. 청소에서 나아가 일상적인 체력훈련과 정기적인 극기훈련에 있어서도 마찬가지다. 윗사람이니까 시키는 것이 아니라, 내가 먼저 시작하는 것이다.

말로는 쉬운 것 같지만 실제로는 굉장히 실현하기 어려운 일이 바로 '솔선수범' 이다. 그러나 리더십에 있어서는 입으로 하는 명령보다 몸으로 하는 솔선수범이 훨씬 효과적이다.

리더, 무언無言의 뭔가 있는 사람

"오늘은 야간 개별훈련이다. 나오고 싶은 선수들 있나? 피곤하면 그냥 쉬어라. 자기가 부족하다 싶은 선수 있으면 나와서 연습하고."

선수 각자의 자율에 의한 개별훈련이 있는 날이면 나는 선수들에게 이렇게 툭 던지듯 말한다. 개별훈련은 정규훈련 시간 후의 저녁 시간을 이용해 각자 연습하는 것이다. 첫날 이렇게만 이야기를 해 두면 그날 저녁에는 나오는 선수도 있고 안 나오는 선수도 있다. 물론 연습장에 나오지 않았다고 해서 찾아가서 뭐라고 잔소리를 하는 것은 아니다. 다만 나는 연습장에 나가서 가만히 서 있을 뿐이다.

다음날 개별훈련 시간이 되면 전날보다 한둘이 더 나와 있다. "쉴 사람은 쉬고 연습할 사람은 하라."라고 말했을 뿐이지만 감독은 언제나 연습장에 나와서 선수들을 지켜보고 있다. 나왔다고 칭찬하지도, 안 나왔다고 야단치지도 않지만 감독의 의도를 알아차린 선수들은 한마디 강요하지 않아도 언제부턴가 스스로 연습장에 나와 활을 든다.

카리스마 있는 리더는 수다스럽지 않다. 그리고 대화와 잔소리 사이의 경계선을 포착하여 대화가 잔소리가 되지 않도록 자기 자신의 입을 절제할 줄 안다. 많은 대화가 필요한 것과 사사건건 아랫사람들에게 잔소리를 하는 것은 다르다. 리더의 권위를 지키기 위해서는 말을 많이 하는 것이 오히려 역효과를 가져온다.

카리스마는 인위적으로 만들어지지 않는다. 나는 연습장이나 경기장에서도 굉장히 말이 없는 편이다. 입을 다물고 팔짱을 끼고는 한시도 쉬지 않고 선수들을 지켜볼 뿐이다. 선수들이 연습하는 뒤에서 편히 앉아 있는 것도 아니다. 항상 선수들의 눈높이를 그대로 함께 맞추기 위해 서 있는다. 말없이 팔짱을 끼고 늘 연습장에 먼저 나와 있을 뿐이다.

아랫사람이 윗사람에 대해 '저 사람은 전에 한 얘길 또 하는 것 같다.'라고 느끼는 순간, 그것은 염려나 대화가 아니라 '잔소리'가 된다. 상대방이 내 이야기를 잔소리라고 느끼면 그때부터 나의 주장이나 명령은 아무리 진실해도 먹혀들지 않는다. 개인주의 성향이 강한 요즘 젊은 친구들에게는 더더욱 그렇다.

반대로 '저 사람이 뭔가 한마디를 할 것 같은데' 하지 않을 때, '무언無言의 뭔가'가 느껴질 때, 상대방은 내 언행에 주목하고 내 의지에 설득당하기 시작한다. 윗사람이 될수록, 직위가 올라가거나 나이가 들수록 아랫사람들에게 해 주고 싶은 말이 많아지는 법이다. 하지만 그 욕구에서 한발 물러서고 한마디 참을수록 더 쉽게 자신의 뜻을 전달할 수 있다.

말이 아닌 행동, 잔소리가 배제된 솔선수범이 선행될 때 리더의 뜻이 제대로 전달된다. 팔로워십이 유도되는 것은 그때부터다.

서거원의 Winning Secret 17

링컨이 지금의 나였다면 어떻게 했을까?

다른 사람의 시각에서 문제를 바라보고 새로운 해결법을 찾아보는 것은 어떨까? 자신이 어떤 유명한 사람이라고 생각하고 그 사람의 시각에서 문제를 해결하려고 노력하는 것이다. 이렇게 다른 사람으로 가장해 문제를 바라보는 것은 여러분이 미처 생각지도 못했던 전혀 새로운 시각을 열어줄 수 있다.
예를 들어 만약 뉴턴이 여러분의 문제에 직면한다면 어떻게 행동하겠는가? 패튼 장군이라면 그 문제를 어떻게 해결할까? 혹은 마더 테레사 수녀라면?
  — 제임스 히긴스, 『필요할 때 꺼내 쓰는 결정적 아이디어 101』

*리더는 어떤 문제가 발생했을 때 절대로 부하를 꾸짖거나
남에게 책임을 전가해서는 안 된다.*

폭풍우 속을 항해하는
선장 리더십

'3감 2용' : 하루에 3번 감사하고 2번 용서하자.
_ 서거원의 독서노트에서

기약 없는 실업자 생활

벌써 10년도 더 지났다. 그러나 그 시절을 떠올리면 지금도 눈에 눈물이 금세 고인다. 잊을 수 없는 영예와 잊히지 않는 설욕의 시간이 교차했던 시절이었기 때문이다.

1994년 히로시마 아시안게임, 한국 양궁팀은 전 종목 금메달 석권 및 세계 신기록 수립이라는 쾌거를 이뤄 냈다. 그런데 아시안게임의 성적을 축하하는 축배가 미처 끝나기도 전에, 당시 내가 몸담고 있던 실업팀의 해체 소식을 일본에서 귀국하자마자 들은 것이다. 그야말로 마른하늘에 날벼락이었다.

그 당시 나는 인천에 있던 주식회사 삼익악기의 양궁팀 감독이었다. 삼익악기 양궁팀에 처음 들어간 것이 1978년이므로 나로서는 그곳에서 양궁 인생의 대부분을 보낸 셈이다. 그런데 회사가 급작스레 부도가 나면서 회사에 소속된 양궁팀도 해체된 것이다. 당시 우리 팀 선수들은 모두 6명이었는데, 그중 2명이 국가대표 선수일 정도로 대단한 실력을 지닌 팀이었다.

당시 나는 국가대표 감독이기도 했다. 그러므로 나로서는 해체된 팀을 포기하고 국가대표 감독 월급만 받고 살아도 별 문제가 없는 상황이었다. 나는 부양해야 할 처자식이 있는 가장의 몸이었니 선수들의 앞날보다는 내 가족부터 먼저 생각해야 했는지도 모른다. 하지만 선수들 월급이 끊기고 오갈 데 없이 되어 버린 상황에서 나는 의외의 결단을 내렸다. 국가대표 감독 직에 사표를 낸 것이다. 같이 고생하던 선수들을 저버리느니 당분간 힘들더라도 팀을 다시 살려 보자고 마음먹었다.

언제 끝날지 기약이 없는 '백수' 생활이 그때부터 시작되었다. 수입이 전무한 생활이 그렇게 오래 지속되리라는 것을 미리 알았다면 절대 엄두도 내지 못했을 것이다. 머지않아 새로운 실업팀을 창단할 수 있으리라 낙관하고서 여러 기업들을 직접 발로 뛰어 찾아다니기 시작했다. 선수들은 오직 나만 바라보고 있었다. 나를 포함한 모두가 살아남기 위해 나는 언제 해가 뜰지 알 수 없는 사나운 폭풍우 속에서 사투를 벌이기 시작했다.

"끝까지 함께 가겠습니다"

가장 큰 문제는 역시 돈이었다. 월급이 완전히 끊겼으므로 그동안 모아 뒀던 돈을 헐어 써야 했다. 여러 대기업들을 찾아다니면서 양궁팀 창단의 당위성을 설득하고 한국 양궁을 밀어 주십사고 부탁하기 위해 기본적으로 해야 할 일이 접대인데, 그 비용에 고스란히 내 사비를 쓸 수밖에 없었다.

처음에는 짧은 시일 내에 기업을 잡을 수 있을 줄 알았다. 그러나 예상 외로 자꾸 일이 꼬이기 시작했다. 사장 면담까지 원만하게 마무리 짓고 최종 승인만 기다리고 있다가 불발된 경우가 있는가 하면, 거의 창단 결정이 되어 최종적으로 회장 사인만 받으면 되는 것으로 알았는데 마지막 순간에 물거품이 된 경우도 있었다. 될 듯 될 듯하다가 마지막에 가서 거절당하는 횟수가 한 번 두 번 늘어나기 시작했다. 여러 가지 요인이 있었겠으나, 프로 종목도 아닌 양궁을 우리 회사에서 굳이 창단할 필요가 있느냐 하는 인식도 작용했던 것으로 보인다.

돈이 없어지는 건 순식간이었다. 기본적인 생활비와 세 아이들 교육비, 팀 창단 섭외를 위해 사람들을 만나고 다니는 데 드는 비용이 물 쓰듯 들어갔다. 팀이 해체되면서 받은 퇴직금은 금세 흔적도 없이 사라졌고, 그동안 모아 두었던 돈은 허물어지기 시작한 둑처럼 하루가 다르게 줄어들었다. 아무리 팀이 없어도 선수들이 시합의 감을 잃어서는 안 되기 때문에 크고 작은 대회에 출전하는 데도 많은 경비가 들었다. 그동안 살면서 저축했던 것, 부모님으로부터 물려받았던 약간의 유산, 급기야는 1988년 서울올림픽이 끝나고 국가에서 받은 포상금으로 사 두었던 땅까지 다 팔았다. 살고 있던 아파트까지 팔고 다섯 식구가 6,500만 원짜리 작은 빌라로 이사를 갔다. '카드 돌려 막기'라는 것을 생전 처음 해 본 게 그때였다.

그러나 생활고보다 더 나를 고통스럽게 한 건 선수들에 대한 미안함, 미안하면서도 아무것도 해 줄 수 없는 내 처지였다. 국가대표를 포함, 국내 최고 수준급 선수들인 그들이 몇 달이 지나도록 월급 한 푼 못 받고 공중에 붕 떠 있는 참으로 기막힌 상황이었다. 나는 선수들에게 당당하게 큰소리를 쳤다. 리더로서 처진 모습은 보이지 않으려고 했다.

"걱정 마! 두드리면 문은 열린다. 나만 믿어라. 분명히 길이 있을 거야."

그러나 모 기업에서 회장 결재만 남았다는 소식에 잔뜩 기대에 부풀어 있던 그들에게 끝내 불발되었다는 이야기를 전해야만 했을 때, 뒤돌아선 내 눈에선 피눈물이 흘렀다. 대체 어떻게 하면 저들에게 희망을 심어 줄 수 있을 것인가, 다들 나만 쳐다보고 있는데 어떡할 것인가, 이 시련이 언제 끝날 것인가…….

물론 선수들에게도 선택권이 없었던 것은 아니다. 출중한 팀이었던 만큼, 몇몇은 여기저기서 좋은 조건으로 스카우트 제의를 받았다. 나 역시 그들을 붙잡고 싶지는 않았다. 그런데도 그들은 오히려 자신들보다 내 생활을 걱정해 주는 것이 아닌가.

"감독님, 저는 혼자 몸이라 괜찮지만, 감독님은 어떡해요, 자녀분들도 있으신데……."

그렇게 말하며 눈물까지 글썽이는 선수들 앞에서 나는 민망하고, 고맙고, 가슴이 찢어졌다. 어디론가 도망가고 싶을 정도로 미안했다.

선수들과는 수시로 면담을 가졌다. 지도자와 선수 간의 의리 하나만으로, 좋은 곳에서의 스카우트 제의를 물리치고 똘똘 뭉쳐 있는 상황이었는데, 의리 때문에 선수들의 발목을 잡고 있는 게 아닌가 하는 회의감이 가장 견디기 힘들었다. 차라리 오라고 하는 곳이 있을 때 좋은 곳으로 보내 주자는 생각이 들어 선수들을 앉혀 놓고 말했다. 선수 대 감독으로서가 아니라 그냥 허심탄회하게 내 심정과 현재의 어려운 상황을 다 털어놓았다.

"내 생각하지 말고 가거라. 언젠가 나중에 내가 부르면 그때 다시 보면 되지 않니."

그러나 선수들의 대답은 한결같았다.

"감독님하고 끝까지 같이 가겠습니다."

"그런 말씀 마세요. 같이 가요, 감독님."

"제가 나가면 팀 창단도 어렵지 않겠습니까? 후배들은 또 어떡하고요. 제가 끝까지 있어야 팀 살죠. 동생들도 뻗어 나갈 수 있고요."

앞이 전혀 보이지 않는 깜깜한 길 위에서 그들은 내 걱정, 후배 걱정, 팀 걱정부터 하는 것이었다. 팀 창단과 운영을 위해서는 간판급 선수가 있어야 하는데, 고참 선수들은 그것까지도 염두에 두고 있었다. 그리고는 조건 좋은 제의들을 죄다 거절하고 "함께하겠다."고 고집을 부렸다.

그런 생활이 1년을 넘어 계속되었다. 빚은 눈덩이처럼 불어 가고, 밑돌 빼서 위에 박느라 하루하루가 정신이 없었고, 땅이고 집이고 재산이고 이제 더 이상 팔 것도 없었다. 선수들은 선수들대로 고생이 이만저만이 아니었다. 숙소가 없어 다른 팀 숙소를 임시로 빌려 쓰며 생활했다. 한 번은, 소년체전에 나가는 인천체육회 소속 학생들이 쓰는 방 한 칸을 빌려 쓰기도 했다. 샤워장도 없이,

국가대표급 선수들이 구걸하듯 거지 생활을 하는 모습을 보면서도 나는 아무것도 해 줄 수가 없었다…….

리더는 키를 놓지 않는다

한 배를 탄 팀이 폭풍우 한가운데 놓였을 때, 리더는 과연 무엇을 어떻게 해야 하는가? 어떻게 처신해야 할 것인가? 내 양궁 인생에서 가장 힘든 시기였던 그 당시, 금전적인 고생보다 더 괴로웠던 건 리더로서의 나 자신에 대한 자격지심이었다.

앞은 전혀 보이지 않고, 금세라도 배가 뒤집어질 것 같은 이 풍랑이 언제 끝날지 아무도 가르쳐 주지 않았다. 그러나 지도자가 안절부절못하고 흔들리는 모습을 보인다면 선수들은 얼마나 불안할 것인가? 리더로서 나는 의연한 모습을 보여야 했고, 뒤에서 피눈물을 흘려도 다른 사람 앞에서는 웃어 보일 줄 알아야 했다.

힘든 시간이 지속됨에 따라 나는 자신을 잃어 갔다. 그간 선수들을 지도할 때 보였던 내 특유의 '카리스마' 있는 기운도 사라진 것 같은 느낌이었다. 거대한 목표의식, 비전, 그런 것보다는 오로지 이 선수들을 위해 지금 무엇을 어떻게 해 줘야 할 것인가 하는 고민밖에 없었다.

하루하루가 죽어 버리고 싶은 생각뿐이었던 어느 날, 나는 배낭을 챙겨 훌쩍 길을 나섰다. 식구들에게는 잠깐 여행을 다녀오마고 말해 놓고, 핸드폰도 집에 둔 채 '잠적'을 했다. 강원도로 들어가 동해를 죽 돌았다. 정처도 기약도 없었다. 바닷가를, 산길을 무작정 걷다가 날이 저물면 아무 민박집에나 들어갔다. 바닷가 횟집에서 혼자 술을 마시다 그대로 쓰러져 자기도 했다.

'처절하다'라는 표현을 주저 없이 쓸 수 있을 정도로 나는 혼자 많은 생각을 했다. 나 자신에 대한 성찰을 처음으로 가장 깊게 했던 시간이었다. 지금까지 내가 걸어 온 길, 내 인생, 내가 부족한 게 무엇이었는지에 대해 그때만큼 많은 되새김질을 해 본 적이 없었다. 엄청난 빚더미와 앞길을 알 수 없는 상황에 그저 당장이라도 죽고 싶다는 생각을 저지시킨 것은 나를 믿고 따르는 선수들에 대한 걱정이었다.

그렇게 일주일이 지난 어느 날 새벽, 해 뜨는 동해 바다를 보다가 문득 생각했다.

'어쨌든 내가 중심을 잡아야겠구나. 이제 슬슬 돌아가야겠다.'

집으로 돌아온 지 얼마 후, 여러 기업체에서 양궁팀 창단 거부를 당했던 우리에게 반가운 소식이 들려왔다. 1996년 5월, 인천 계양구청에서 우리를 받아 주기로 한 것이다. 1994년 12월 31일자로 삼익악기 양궁팀이 해체된 지 딱 16개월 만의 일이었다. 16

개월 동안 함께 고생하던 멤버 그대로 계양구청 양궁팀이 창단되었다.

돌이켜 보면 그 시절이 내 인생에서 인간적인 고통을 가장 크게 경험한 시간이기도 했다. 생활고로 인해 생활인으로서의 가장 쓴맛을 보는 한편, 지도자로서는 최대의 위기를 맞이했다. 내 정체성에 대해 되돌아보았고, 리더로서 무엇을 해야 할 것인지 처음으로 고민했고, 책도 닥치는 대로 읽었다.

국가대표 선수가 2명이나 포함되어 있는 팀이 16개월 동안 월급 한 푼 받지 못하고 함께 고생했던 것을 생각하면 아직도 눈물이 핑 돈다. 내가 선수들을 믿지 못했다면, 그리고 그들이 나를 믿지 못했다면 불가능했을 나날이었다. 그 일이 있기 전까지 선수들과 나 사이의 끈이 약했다면 그 16개월은 이어질 수 없었을 것이다. 또한 지금의 계양구청 양궁팀도 창단될 수 없었을 것이다.

당시 끝까지 참고 나를 따라 준 선수들이 지금은 저마다 다른 실업팀의 지도자가 되었다. 매년 스승의 날이 되었을 때 가장 먼저 찾아오는 이들도 그때 그 구성원들이다. 그들은 자신보다 다른 팀원을, 그리고 리더인 나를 배려했다. 상대방에 대한 배려가 '배신'에 대한 은근한 견제 분위기를 형성했고, 그것이 모두를 똘똘 뭉치게 했던 것 같다. 그러한 인간적인 뭉침, 한 배를 타고 끝까지 생사고락을 함께하겠다는 끈끈한 신뢰가 없었더라면 16개월이 아니라 6개월도 견디지 못했을 것이다.

그때의 경험으로 인해 처음으로 리더와 팀원 간의 인간적 관계에 대해 배웠다. 같은 배를 탄 한 팀이 폭풍우를 만나게 되었을 때 선장이 해야 할 일에 대해 성찰했다. 모두가 함께 살기 위해, 나만 믿고 있는 모두를 살리기 위해, 선장은 절대로 정신의 키를 놓아서는 안 된다는 것을 깨달았다.

● 서거원의 Winning Secret 18 ●

선택의 순간

『내셔널 지오그래픽』의 조사에 따르면 사람들은 매일 150번씩 선택을 할 상황에 놓이며, 그중에서 30번 정도 신중한 선택을 하기 위해 고민하고, 5번 정도 올바른 선택을 한 것에 대해 미소를 짓는다고 한다. 삶의 매 순간이 '선택의 연속'이며, 올바른 선택을 하는 게 얼마나 어려운 일인지를 보여 주는 결과라 할 수 있다. (…) 또 일단 선택을 하면 되돌리기 어렵다. 그래서 우리는 선뜻 '선택의 기쁨'을 누리지 못한다. 오히려 무수한 선택의 가능성 앞에서 그 상황을 저주처럼 여기며 두려워한다.

― 김혜남, 『서른 살이 심리학에게 묻다』

선택보다 더 중요한 것은 행동이다.

헌신하고 다독이는
치유의 리더십

모든 게 나의 잘못 때문입니다. 모든 책임은 내가 지겠습니다.
_ 로버트 리, 남북전쟁 당시 남군 총사령관

잘한 것은 선수 공, 못한 것은 리더 탓

실력도 있고 성실했던 한 선수가 어느 날 갑자기 자취를 감췄다. 양궁을 때려치우겠다며 이유도 말하지 않은 채 어디론가 잠적해 버린 것이다. 고향이 지방인 선수라 제일 먼저 고향 집으로 연락을 해 봤지만 그는 집에도 들르지 않았다고 했다.

멀쩡히 잘하던 선수가 무작정 그만두겠다고 하거나 아무 말 없이 잠적해 버리는 경우가 종종 있다. 그러다 보니 잠적해 버린 선수 찾으러 사방으로 수소문을 하고 다니는 일도 여러 번 해 봤다.

선수의 부모님이나 고향은 물론, 친구들 연락처를 알아내 모조리 연락을 취해 보고, 사귀는 여자친구도 수소문해 연락해 보는 게 기본이었다.

싫다고 가 버린 선수를 굳이 감독이 발품을 팔아 가며 데려올 필요가 있느냐고 생각할 수도 있겠지만, 일단 팀에 들어온 구성원은 한 배를 탔다고 생각하는 것이 감독으로서 나의 철칙이었다. 선수들도 저마다 남의 집 귀한 자식인데, 어린 선수를 맡겼을 때는 감독이 부모처럼 선수를 돌봐 주고 키워 주리라 믿고 맡긴 것이다. 한 팀의 지도자는 양궁 감독으로서뿐만 아니라 선수가 잘못되거나 힘들어할 때 부모처럼 믿고 의지할 수 있는 존재여야 한다. 그만두려고 하거나 잠적해 버린 선수를 지도자가 나 몰라라 해서는 안 된다.

이는 다른 선수들에게도 중요한 부분이다. 어떤 일이 있더라도 선수들이 '아, 저 감독님은 조금 힘들다고 해서 나를 버릴 사람이 아니구나.'라고 인식할 수 있어야 하기 때문이다.

그 선수를 찾는 데는 꼬박 2주일이 걸렸다. 여자친구를 통해서였다. 그는 부모님에게도 아예 연락을 않고 고향의 한 친구 집에 머물고 있었다. 친구 집 문을 두드리고 있는 나를 본 그 선수는 깜짝 놀란 표정이었다. 그러고는 이내 고개를 푹 숙였다. 어찌할 바를 모르고 서 있는 그에게 말했다.

"일단 올라가자. 응?"

크게 야단을 맞을 줄 알고 주눅이 들어 있던 그에게 잘잘못을 따지지 않고 어린아이 달래듯 최대한 어르고 달랬다.

"일단 나랑 같이 올라가자. 네 짐도 가져가야 할 것 아니냐?"

"……"

"그래도 그동안 월급을 주던 팀인데 네가 이러면 팀에 대한 예의도 아니잖니. 가서 정식으로 사표도 쓰고 작별 인사도 해야지. 이러면 너무 무책임한 행동이잖니. 이게 다 내 책임인데 내 입장도 생각해 줘야 하지 않겠냐, 응?"

"…… 알겠습니다."

"그래, 일단 올라가자. 올라가서 정리하자."

"네."

그렇게 해서 잠적 2주 만에 그를 데리고 서울로 올라오는 데 성공했다. 그러고는 그의 이야기를 들어 보기로 하고 한 일주일간 둘만의 시간을 가졌다. 술잔을 기울이며 속에 쌓였던 이야기를 다 풀어놓게 했다.

그제야 기분이 누그러진 그는 그때부터 내게 하소연을 하기 시작했다. 고등학교를 졸업하고 19살에 양궁팀에 들어와 선수 활동을 하고 있던 그가 당시에 가장 괴로워하던 문제는 알고 보니 양궁이 아니라 팀원들 간의 갈등이었다. 한 팀원과 사이가 좋지 않았던 모양이었다. 말문이 한번 터지자 봇물 터지듯 그간의 힘들었던 일들이 줄줄이 나왔다. 그 나이 또래의 어린 선수들이 함께 숙소 생활을 하다 보면 종종 있을 수도 있는 문제였지만 워낙 미묘한 부분이라 속으로 끙끙 앓기만 했던 모양이었다.

그동안 있었던 시시콜콜한 이야기까지 묵묵히 다 듣고 나서 나는 말했다.

"미안하다. 그런 일이 있었는데 내가 왜 몰랐을까? 감독님이 무조건 잘못했다. 그렇게 힘들었으면 진작 말을 하지 그랬니?"

"그냥 어쩐지 말씀드리기가 무서웠어요……."

"그러면 네가 나한테 정이 없었다는 얘기 아니냐."

"아니요, 그런 건 아닌데요……."

"어쨌든 미안하다. 그런 사정을 몰랐던 건 내 잘못이니 내가 사과할게."

"아니요, 감독님 때문이 아니라니까요. 걔 때문에 그랬다니까요."

"아니야, 다 내 잘못이야. 내가 미리 알았어야 했는데."

그렇게 술자리를 마치고 난 다음날 밤이었다. 집에서 잠자리에 들려고 하는데 초인종이 울렸다. 문을 열어 보니 그 선수였다. 늦은 시각이라 아내도 무슨 일인가 하고 방에서 나와 기웃이 내다보았다. 그는 술을 한잔한 모양이었는데, 현관문 앞에서 갑자기 주저앉아 무릎을 꿇더니 밑도 끝도 없이 엉엉 울기 시작하는 것이었다. 집으로 들어오게 해서 달래 보려 했으나 그저 어깨를 들썩거리며 눈물만 뚝뚝 흘렸다. 한 이삼십 분 동안 그렇게 울었을까, 조금 진정이 된 것 같아 그의 어깨를 두드리며 말했다.

"왜 그러니? 이제 내일이면 짐 정리해서 내려가야지."

그러자 그가 눈물을 훔치더니 대답했다.

"아닙니다."

"응?"

"저 다시 하겠습니다. 이번 일을 기회로 다시 해 볼게요."

그 다음날 그는 사표를 쓰는 대신 다시 숙소로 돌아왔다. 그리고 선수 생활을 거쳐 훌륭한 지도자로 성장했다.

그의 마음을 돌리기 위해 내가 한 일은 일주일 동안 같이 술 마시고 이야기 들어주고 놀아 준 것밖에는 없었던 셈이다. 단, 내 마음은 처음부터 한 가지였다. 잘한 것은 선수가 잘한 것이고, 잘못된 것은 무조건 내가 잘못했기 때문이라는 것. 이런 마음으로 대화를 시도한다면 마음이 떠났던 선수라 하더라도 감독이 이끌고자 하는 방향대로 따라올 것이라는 믿음이 있었다.

때로는 치유의 시간을 허하라

현재 계양구청 소속이자 국가대표 선수인 A선수는 고등학교 때 국가대표 선수로 발탁된 후 명실상부한 한국 최고의 남자 양궁 선수로 활약해 왔다. 그런 그가 한때는 활을 잡지 못할 정도로 좌절과 방황의 나날을 겪었다는 사실을 사람들은 잘 믿지 못한다.

고등학교 1학년이라는 어린 나이에 국가대표로 발탁된 그는 고등학교 3학년 때 이미 고등학교 선수 중 랭킹 1위이자 세계 선수권 대회 우승, 아시안게임 2관왕 국내 여러 실업팀의 스카우트 후보 1순위였다. 실업팀 중에서도 최고의 조건으로 스카우트되었다. 그랬던 그가 4년 후 믿을 수 없을 정도로 방황의 시간을 보내고 있었다. 급기야 자신을 모셔 가듯 스카우트해 갔던 팀에서 방출되었다.

나는 곧 그에게 러브콜을 보냈다. 그를 불러서는 너를 재기시킬 수 있다고, 우리 팀으로 들어오라고, 너 하나는 내가 책임지겠다고 말했다. 국가대표 선수일 때부터 그를 보아 왔던 터라 그 선수에 대한 어떤 확신 같은 게 있었다. 그에게는 무한한 가능성이 있었고, 포기하지 않겠다는 투지만큼은 여전히 강인하게 살아 있었다.

계양구청팀으로 그를 부른 직후에 한 일은 훈련이 아니었다. 대신 제주도로 놀러 갔다. 한 명의 선수를 위해 내 일정도 다 포기했다. 며칠만 갔다 온 여행도 아니었다. 무려 40일간을 제주도에 무작정 머물렀다. 회도 먹고 술도 마시고, 이런저런 고민 이야기도 하고, 바캉스 온 것처럼 놀았다. 양궁에 대한 이야기는 한마디도 하지 않았다. 아예 양궁을 싹 잊어버리게 하고자 했다.

그 무렵 그에게 가장 시급한 것은 연습이 아니라 웃음을 되돌리는 일이라는 판단이 들었다. 최고였던 성적이 부진해지는 동안 그는 웃음 자체를 잃어버렸던 것이다. 무작정 놀게 한 지 40일쯤 되자 그의 얼굴에 웃음이 되돌아오기 시작하는 것이 보였다. 그나마 활짝 웃는 것도 아니고 보일 듯 말 듯 씩 웃는 정도에 불과했지만 나는 이제 됐다고 느꼈다. 곧 여행을 마무리하고 비행기를 타고 우리는 서울로 올라왔다.

당시 가장 주안점을 둔 부분은 충분한 치유와 회복의 시간, 그리고 선수에 대한 칭찬의 말이었다. 어릴 때부터 주변의 기대를 많이 받았던 그로서는 작은 실수 때문에 지도자의 질책을 지나치게 받는 것이 적잖은 짐이었다. 그 짐이 기량마저 방해했다. 나는 그 무게를 덜어 주고 격려를 해 주는 과정이 필요하다고 여겼다. 그래서 "넌 최고의 선수다, 지금도 넌 최고다." 하는 말들을 수시로 해 주었다. 그가 재기하고 얼마 안 되어 시합에서 실수를 했을 때에도 웃으며 농담처럼 넘겼다.

"너, 감독님 놀라게 하려고 일부러 그랬지?"

그러면서 끊임없이 기회를 주고자 했다. 성적이 조금만 나아져도 칭찬을 아끼지 않았다.

"봐라, 넌 최고라고 했지 않느냐!"

제주도에서 올라온 지 8개월 만에 그는 다시 국가대표 선수가 되었다. 그 후 지금까지 정상의 페이스를 놓치지 않고 있다.

● 서거원의 Winning Secret 19 ●

매일 아침의 주문

"나는 자랑스러운 나를 만들 것이며, 항상 배우는 사람으로서 더 큰 사람이 될 것이다. 나는 늘 시작하는 사람으로서 새롭게 일할 것이며, 어떤 일도 포기하지 않고 끝까지 성공시킬 것이다."
— 웅진그룹 윤석금 회장이 매일 아침 외우는 좌우명

지치지 마라, 낙심하지 마라. 그 무엇도 아직 늦지 않았다.

신뢰를 바탕으로 한
인정人情의 리더십

∴

나눔의 삶을 살아야 한다. 꼭 물질적인 것만이 아니고 따뜻한 말을 나눈다든가, 눈매를 나눈다든가 시간을 함께 나눈다든가. 나누는 기쁨이 없다면 사는 기쁨도 없다.
_ 법정, 『산에는 꽃이 피네』

감독의 마지막 선물을 거절한 선수

1994년 히로시마 아시안게임이 끝나자마자 국가대표 감독 직에 자진 사표를 냈던 나는 1996년 인천 계양구청팀을 창단하고 팀을 정상 궤도로 올려놓은 후 다시 국가대표 감독으로 선발되었다.

다른 종목과 마찬가지로 양궁도 국가대표 감독이 되기 위한 조건은 까다롭다. 고등학교 이상의 팀에서 지도자 생활을 얼마나 계속했는지, 자신이 지도한 팀에서 국가대표 선수를 몇 명이나 배출했는지, 전국대회에서의 우승 횟수가 몇 번인가 등등의 지도 경력과 실적이 객관적으로 반영되며, 선수 장악 능력을 비롯한 리더로서의 자질에 의해 추천을 받아 최종적으로 결정된다.

그러나 겉으로 보이는 성과와 성적보다 더 중요한 것은 소속 팀 선수들과의 인간적 관계, 리더로서의 대인관계, 나아가 사람과 사람 사이의 인정이다.

뛰어난 기량을 지닌 A선수는 외부의 여러 실업팀에서 파격적인 조건으로 스카우트 제의를 받곤 했다. 계양구청팀보다 훨씬 높은 연봉과 좋은 대우를 받을 수 있는 조건이었다. 연봉에 관한 문제는 프로 선수들 사이에서 매우 민감한 문제다. 나보다 실력이 떨어지는 선수가 나보다 더 많은 연봉을 받을 경우 자존심이 상할 수 있다.

A선수가 얼마든지 다른 실업팀으로 갈 수 있음을 감안한 나는 어느 날 그를 불러 있는 그대로 솔직히 얘기했다. 가식을 덧붙일 것도 없이 상황을 있는 그대로 말했다.

"우리 팀에서 너는 없어서는 안 될 중요한 존재다. 오랫동안 정도 쌓였고. 하지만 넌 다른 팀으로 가면 지금보다 연봉을 2배는 받을 것이다. 나로서는 가슴 아픈 일이지만, 내 힘으로 어떻게 해 줄 수 없는 부분이기도 하다. 너한테 미안하구나. 그래서 말인데, 내가 너한테 해 주고 싶은 선물이 하나 있다."

"무슨 선물인데요?"

나는 소속 팀 감독으로서 쉽게 할 수 없는 제안을 그에게 했다.

"내가 너한테 동의서를 써 줄게. 다른 팀으로 갈 수 있는 이적 동의서 말이다. 네가 직접 연봉 협상을 하려면 쉽지 않을 테니 연봉을 충분히 받을 수 있게끔 내가 직접 알아서 해 주마. 내 마지막 선물로 그걸 줄게."

내 제안에 그는 아무 말도 하지 않았다. 내가 선수에게 줄 수 있는 것은 높은 연봉은 아니었다. 그 대신 인간적인 정이자 있는 그대로의 진심이라고 생각했다.

"감독으로서의 마지막 선물이라고 생각해라. 나중에 너 선수 생활 은퇴하고 나서 지도자 생활을 하게 되면 우리 그때 다시 만나자."

"생각 좀 해 보겠습니다. 3일만 생각할 기회를 주세요."

그로서는 쉽게 뿌리칠 수 없는 선물임을 나는 알고 있었다. 뛰어난 선수를 보낸다는 것은 팀으로서도 힘든 일이므로 나는 각오를 하고 승부수를 던졌던 셈이다. 선수가 연봉에 대한 불만을 계속 품을 경우 그 선수는 당장이 아니더라도 언젠가 다른 팀으로 이적할 가능성이 높다.

만약 그가 다른 팀으로 가겠다면 나는 진심으로 보내 줄 생각이었다. 내가 먼저 말하지 않았더라면 그는 떠날까 말까 오히려 혼자서 더 많은 고민을 했을 것이다.

며칠 후 그가 나에게 면담을 요청했다.

"감독님!"

"왜?"

"저 이 팀에서 선수 생활 은퇴하렵니다."

"왜? 내가 마지막 선물로 주려고 한 건데."

그러자 그는 싱긋 웃으며 이렇게 말하는 것이었다.

"살다 보면요. 감독님이 더 큰 선물도 주실 것 같아서요. 다음에 더 큰 선물 주십시오. 저는 감독님 밑에 계속 있겠습니다."

결국 그는 높은 연봉이 아닌 감독과의 신뢰를 택했다. 그런데 역으로 말하면 바로 그 점으로 인해 내가 그에게 승부수를 던질 수 있었다. 그간의 세월 동안 그 선수와 함께 시간을 보내고 많은 대화를 나누며 쌓아 온 신뢰로 인해 그가 나와 계속해서 함께 갈 것이라는 데 나는 80퍼센트의 가능성을 걸었다.

그리고 그가 자신에 대한 자부심과 연봉과 관련한 실리에 무게를 두고 내 제안을 받아들여 이적할 것이라는 가능성에 나머지 20퍼센트를 걸었다. 만약 정말 떠나겠다고 한다면 그동안 서로 간에 쌓아 온 인정과 신뢰 부분에 있어 내가 충분히 잘해 주지 못한 것일 거라고 생각했다. 이는 한 명의 선수에게 있어 내가 과연 어떤 존재인지 확인할 수 있는 기회이기도 했다.

물론 그 선수가 연봉을 좇아 이적했을 가능성도 얼마든지 있었다. 그랬더라도 나는 흔쾌히 보내 주었을 것이다. 그러나 여전히 나는 돈과 실리보다 인간으로서의 진정성을 믿는다.

연봉보다 강한 인정人情의 힘

리더가 가식을 떨쳐 내고 팔로워를 진정성을 가지고 대할 때 팔로워는 기꺼이 그 리더와 함께하려 할 것이다.

신뢰와 의리를 바탕으로 한 나와 계양구청팀의 관계 역시 다르지 않다. 다른 여러 실업팀과 비교했을 때 계양구청팀의 예산과 대우는 그다지 높은 편은 아니다. 감독인 내가 받는 연봉도 선수들보다 별로 높지 않다. 기업체가 아닌 관청이라 예산이 빠듯하기 때문이다.

그러나 삼익악기팀이 해체되고 나를 포함한 선수들이 기약 없는 백수 생활을 하며 춥고 배고팠을 때 우리 팀을 알아주고 받아 주었던 곳이 지금의 계양구청임을 잊지 않는다. 연봉이 최고 수준은 아니더라도 그런 점으로 인해 지금의 팀에 최선을 다하려 한다. 나는 감독 생활도 이곳에서 은퇴하겠다고 결심했다.

현재 계양구청팀의 코치인 박성수 코치도 1988년 서울올림픽 때 선수와 지도자로 만나 지금까지 20년이 넘는 세월을 함께했다.

이제는 선후배라기보다는 아버지와 아들, 형과 아우, 가족이나 다름없는 사이다. 전 국가대표 선수이자 메달리스트인 그는 이제 나의 뒤를 이어 지도자의 길을 걷고 있다.

한 번은 그가 눈치채지 못하도록, 그가 다른 실업팀으로 옮겨 갈 수 있도록 조치를 취해 둔 적이 있었다. 박성수 코치 역시 얼마든지 더 좋은 조건으로 다른 팀에 갈 수 있는 실력자임을 내가 잘 알기 때문이다. 뒤늦게 그 사실을 알게 된 그가 어느 날 몹시 안 좋은 표정으로 나에게 따지고 들었다.

"어떻게 저한테 그러실 수가 있어요?"

심지어 얼굴이 붉어지며 눈물까지 글썽거렸다. 나와 오랜 세월 신뢰를 쌓았던 그는 아무리 많은 연봉을 받더라도 나를 떠나는 일은 상상도 못한다고 말했다. 나 역시 할 말을 잃었다. 인간관계에 있어서 내가 생각이 짧았던 것 같아 오히려 그에게 미안한 마음마저 들었다.

내가 먼저 배려해 주고자 했던 선수들과 후배들은 실리적인 배려보다 인간으로서의 신뢰를 택하곤 했다. 사람과 사람 사이의 인정이란 높은 연봉으로는 절대 얻을 수 없는 끈임을 그들도 알고 있었던 것이다.

• 서거원의 Winning Secret 20 •

위대한 변화를 일으키는 칭찬 10계명

1. 소유가 아닌 재능을 칭찬하라. 능력을 인정받는 순간 둔재도 천재가 된다.
2. 결과보다 과정을 칭찬하라. '올라온 높이'보다 '헤쳐 나온 깊이'를 보라.
3. 타고난 재능보다는 의지를 칭찬하라. 원석도 다듬어야 보석이 된다. 혼을 자극하라.
4. 나중보다는 즉시 칭찬하라. '참 지난번에……' 식의 백 번보다 '오늘……'의 한 번이 낫다.
5. 큰 것보다는 작은 것을 칭찬하라. 물 한 방울이 모여 큰 강을 이룬다.
6. 애매모호한 것보다는 구체적으로 칭찬하라. 추상적인 이야기는 귀신도 못 알아듣는다.
7. 사적으로보다 공개적으로 칭찬하라. 특히 장본인이 없을 때 남긴 칭찬은 그 효용 가치가 배가 된다.
8. 말로만 그치지 말고 보상으로 칭찬하라. 물질적 보상이 따르는 순간 명품 칭찬이 된다.
9. 객관적으로보다 주관적으로 칭찬하라. '참 좋으시겠어요.'보다 '제가 신바람이 다 나겠어요.'가 낫다.
10. 남을 칭찬하기보다는 자신을 칭찬하라. 남을 칭찬하기 전에 내가 나를 칭찬하라. 자신을 칭찬할 수 있는 사람만이 진정 남을 칭찬할 수 있다.

― 송길원, 『월간조선』「행복산책」

리더의 카리스마는
천의 얼굴이다

성공을 위한 확실한 공식은 없다. 하지만 실패를 위한 확실한 공식은 말할 수 있다. 그것은 언제나 모든 사람을 기쁘게 하려고 노력하는 것이다.
_ 티모시 페리스, 『4시간』

때로는 친형처럼, 때로는 보스처럼

스포츠에서는 어떤 리더가 조직을 관리하느냐에 따라 메달이냐 아니냐, 우승이냐 아니냐의 성패가 좌우된다. 일반 조직 사회, 나아가 국가라는 커다란 조직 역시 이와 동일한 논리가 적용될 것이다. 다만 스포츠는 극한적인 상황을 매일 매 순간 뛰어넘는 고통을 겪어야 하고, 여기서 한발만 더 나가면 죽겠다는 치열함과 늘 마주해야 하기 때문에 일반 사회보다 경쟁과 스트레스가 극대화되어 있다.

훈련이나 경기를 맞아 극도로 힘든 상황이 왔을 때 지도자에 대한 믿음이 없다면 '차라리 때려치우고 말지.' 하는 생각을 누구나 할 수 있다. '까짓 거, 관둬 버리면 그만' 이라는 생각이 쉽게 들 수 있기 때문이다. 이를 넘어서게 하는 게 바로 지도자의 역량이다. 승승장구하는 종목과 그렇지 못한 종목의 차이가 여기에서 드러난다.

올림픽을 앞두고 국가대표팀이 구성되면 전국의 각 팀에 소속돼 있던 선수들이 모여 한 팀이 된다. 선수들과 지도자는 서로를 잘 모른다. 서로를 잘 모르는 상태에서 감독과 선수들이 한 배를 타고 올림픽 메달을 향해 나아가야 한다. 같은 팀에서 오래 같이 생활하지 않아 성격이나 습관이나 장단점을 속속들이 알지 못하는 상황에서 지도자가 선수들을 이끌어야 한다.

리더로서 성공하느냐 실패하느냐 하는 평가는 바로 이런 상황에서 나온다. 리더로서 역량을 다하기 위해서는 짧은 기간 동안 선수들에게 최대한 많은 걸 주고, 확실한 믿음을 보여 줘야 한다. 그리고 선수들이 볼 때 대단하다고 느낄 정도로 카리스마를 가지고 있어야 한다.

지도자가 선수들을 이끌기 위해서는 선수의 눈빛만 봐도 컨디션이 어떤지 알 수 있을 정도가 되어야 한다. 저 선수가 속으로 무슨 생각을 하고 있는지, 뭘 힘들어하는지, 심지어 사생활도 거의

다 알 정도가 되어야 한다. 그러기 위해서는 무엇보다 많은 대화가 필수다.

　선수들은 저마다 다른, 하나의 인격체들이다. 먼저 와서 스스럼없이 이야기를 건네는 선수도 있지만, 아무리 물어봐도 '네, 아니오'로만 대답하는 선수도 있다. 조직의 팀워크가 중요하지만 그렇다고 해서 조직원들 모두에게 똑같은 잣대를 들이대야 하는 것은 아니다.

　스포츠 팀에서는 팀을 구성하는 선수 한 명 한 명에게 적용해야 하는 잣대가 제각각 다르다. 큰 조직 사회 역시 마찬가지다. 기업, 공무원 사회, 나아가 국가를 이끌 때 리더가 적용해야 할 잣대가 다 다르다. 기업을 운영하는 사람의 리더십과 정치를 하는 사람의 리더십이 다르고, 내성적인 선수에게 해 줘야 할 말과 외향적인 선수에게 보여 줘야 할 격려의 표정이 다르다.

　그러나 어떠한 상황이든, 상대가 누구든 소통은 가능하다. 진심은 마음으로 전달된다. 물론 그러자면 지도자는 엄청나게 스트레스를 받을 수밖에 없다. 열이면 열 사람, 각 선수마다 다르게, 선수의 기분에 따라서, 매 상황에 따라서 리더십을 적용하고 카리스마를 보여야 하니 속이 시커멓게 탄다. 어디 가서 하소연할 데도 없다. 그러나 그것을 극복하지 못한다면 리더 생활을 계속할 수 없을 것이다.

문제는 적정선이다. 이것은 리더십에서 가장 미묘한 부분이다. 대화의 적정선에서 조금만 지나치면 상대가 피곤한 간섭으로 느끼기 때문이다. 상대의 눈빛만 봐도 상대가 뭘 원하는지 알아야 하지만 알고도 모른 척하는 것 역시 중요한 이유가 바로 그 때문이다.

대화뿐만 아니라 선수들 앞에서 보여야 하는 태도에도 적정선이라는 게 있다. 경기장 밖에서는 친근하게 농담도 하고 허물없이 지내지만, 리더로서의 권위와 격은 버리지 않는 수위 조절이 필요하다. 상대방을 배려하되 자신의 중심을 잡고 있어야 한다. 상대방이 인간적으로 감동을 받을 정도로 정이 넘치되, 감히 넘보지 못할 위압감도 온몸에서 풍겨 나와야 한다. 친형처럼 다정하게 웃다가도 그 웃음을 딱 그쳐야 할 때를 알아야 한다.

리더에게 요구되는 카리스마, 조직을 이끄는 리더십의 색깔은 한 가지 종류가 아니다. 결코 한 가지일 수가 없다. 리더는 매 상황마다, 상대에 따라, 조직의 성질이 달라질 때마다 능란하게 변신할 수 있는 천의 얼굴을 가져야 한다.

강할 때와 부드러울 때, 활짝 웃을 때와 입을 꾹 다물 때, 친형 같아야 할 때와 조직의 보스 같아야 할 때가 있다. 직접 발 벗고 나서야 할 때가 있는가 하면, 알아서 하라고 던져 주고 물러나야 할 때가 있다. 상황에 맞지 않는 카리스마를 보일 때, 그리고 한

가지의 잣대만 들이댈 때 리더십에 문제가 생기고 조직은 삐걱거린다.

시시때때로 천 가지로 변신하는 리더십을 갖기 위해서는 "나를 따르라."는 식의 명령이 아니라 매 순간 모든 선수의 마음을 족집게로 집듯 집어낼 수 있는 심리적 접근이 필요하다. 순간순간 상대방의 심리를 읽을 수 있는, 또한 읽고자 하는 노력이 요구된다. 탁월한 리더는 따끔하게 나무라야 할 부분과, 알고도 모른 척해야 할 부분을 구분하는 감을 키우려는 노력을 그치지 않는다. 감은 타고나기도 하지만 순전히 노력에 의해 계발된다. 선수를 내 손안에 쥘 수 있는지 여부는 그에 따라 결정된다.

극도로 긴장한 선수들에게 확신을 갖게 해 주는 단 한마디의 말, 표정과 몸짓, 손짓과 발짓이 필요하다. 말 속에서도 카리스마가 느껴지는 말투, 말을 많이 하지 않고도 선수들의 마음을 움직일 수 있는 표정, 그런 것은 연출이나 연기가 아니라 그동안에 쌓아 온 팀원들과의 소통, 마음을 읽어 내려는 진정성에서 자연스럽게 우러나온다.

리더, 누구나 될 수 있지만 아무나 되어선 안 된다

가정에서 어머니 아버지의 역할이 다르듯이 스포츠 팀에서는 감독과 코치의 역할이 다르다. 감독이 리더형 지도자라면 코치는 참모형 지도자다. 그래서 감독이 나서야 할 부분과 코치가 신경 써야 할 부분이 다르며, 서로 간의 긴밀한 분업이 필요하다. 회사에서 과장과 부장의 역할, 국가에서 대통령과 장관의 역할이 다른 것과 마찬가지다. 그런데 감독이 감독 역할을 하지 않고 코치 역할을 하려 들 때, 혹은 그 반대일 때 문제가 생긴다.

범위를 넓히면 스포츠에서도 종목마다 리더십이 다르다. 나에게 당장 내일부터 레슬링 감독을 하라고 한다면 과연 제대로 할 수 있을까? 양궁 지도자로서의 리더십을 인정받았다고 해서, 레슬링 선수들 앞에 섰을 때 그 모습을 그대로 보여 줄 수 있을까? 축구의 조직문화, 레슬링의 조직문화, 양궁의 조직문화가 전혀 다르다. 심리 상태에 따라 화살이 엉뚱한 데 꽂힐 수 있는 양궁과, 한순간 번쩍 하고 힘을 발휘해야 하는 레슬링은 종목의 성격 자체가 다르다.

종목의 성격이 다르므로 선수들의 심리도 다르고, 구성원의 심리가 다르므로 리더십도 다르게 적용된다. 내가 당장 레슬링 감독을 해야 한다면, 나는 엄청난 양의 레슬링 공부부터 해야 할 것이다. 레슬링의 기초, 레슬링 선수들의 특성, 레슬링 종목의 조직문화부터 알아야 하기 때문이다. 아무리 자신이 양궁 종목에서 최고의 지도자라 한들, 양궁 리더십을 레슬링에 그대로 들이대겠다는 것은 오만이다.

물론 스포츠에도 구시대 스타일의 리더들이 여전히 있다. "네가 뭘 안다고, 그냥 하라는 대로 해!" 하고 찍어 누르는 지도자들이 있다. 그러나 "그렇다면 그게 왜 옳은지, 왜 당신이 원하는 대로 해야 하는지 나를 설득해 보시오." 하는 아랫사람의 요구 앞에서 말문이 막힌다면 그 순간 지도자는 신뢰를 잃는다. 신뢰와 감동이 없는 리더십은 아무리 비전이 좋아도 효력이 없고, 그때부터 리더의 지위는 유명무실해진다. 그렇게 한 번 무너진 리더십은 회복하기가 굉장히 힘들다.

이는 스포츠 조직의 생리이기도 하지만 어느 조직이나 똑같다. 리더십은 리더의 자리에 올랐다고 어느 날 갑자기 생기는 것이 아니다. 내가 어느 위치에 올라갔을 때 어떻게 하겠다는 오랜 준비가 되지 않은 상태에서 리더가 되면, 언행은 일치하지 않고, 자기가 했던 말은 잊어버리며, 한 달 전에 했던 말과 한 달 후에 하는 얘기가 달라진다.

흔히 '사기꾼'에게 나타나는 전형적인 모습이다. 사기꾼에게 없는 것이 다름 아닌 '진심'인데, 진심이 없으니까 말이 달라지고 일관성이 없을 수밖에 없다. 본인이 진실된 이야기를 하지 않았으니 한 달 후에는 자기가 무슨 말을 했는지 잊어버리고 말이 달라지는 것이다.

그래서 준비가 되지 않은 자는 절대 조직의 리더가 되어서는 안 된다. 작게는 선수 대여섯 명을 거느린 스포츠의 한 팀에서 크게는 국가 조직까지, 어떠한 경우에라도 이는 결코 틀림이 없다.

리더가 스스로에 대한 확신이 너무 지나쳐도 문제다. 확신이 지나치면 자만심에 빠질 위험이 있다. 리더의 자부심이 자만심으로 변하는 순간 그 사람은 리더로서의 자격을 잃은 것과 다름없다. 뚜렷한 목표의식도, 옳다고 강하게 확신하여 밀어붙이는 추진력도, 구성원들과의 소통이 부재하다면 의미가 없다. 비전이 아무리 훌륭하더라도 비전에 도달하기까지의 과정이 중요한데, 이 과정에서 가장 중요한 것이 리더에 대한 팔로워들의 신뢰이기 때문이다. 아무리 유토피아로 가고자 해도 구성원들이 안 따라 주면 출발조차 할 수 없다.

산업화 시대에 요구되던 리더십은 변화한 지 오래다. 심지어 가정에서도 가장인 아버지가 뭔가를 결정한다고 해서 무조건 "예." 하고 식구들이 따라가는 시대는 지났다. 가장의 역할은 명령이 아니라 대화와 소통이다.

구성원 간에 터놓고 이야기할 수 있는 분위기를 만드는 주체는 리더이다. 대화를 통한 소통, 소통을 통한 통합의 리더십, 매 순간 변화하는 상황, 서로 다른 상대방마다 카멜레온처럼 변화할 수 있는 천 가지 색깔의 리더십, 그것이 21세기 스포츠계, 나아가 크고 작은 모든 조직에서 요구되는 리더십이다.

서거원의 Winning Secret 21

칭기즈칸의 리더십

좋은 옷을 입고, 빠른 말을 타고, 아름다운 여자들을 거느리면 자신의 전망이나 목표를 잊기 쉽다. 그런 사람은 노예나 다름없으며, 반드시 모든 것을 잃고 만다. 군대는 전술과 전력만 우월하면 정복할 수 있다. 그러나 나라는 사람들의 마음을 얻어야만 정복할 수 있다.
자만심을 삼키지 못하면 남을 지도할 수 없다. 지도자는 말이 아니라 행동을 통해 자신의 생각과 의견을 보여주어야 한다. 지도자는 백성이 행복하기 전에는 결코 행복할 수 없다.
― 잭 웨더포드, 『칭기스칸, 잠든 유럽을 깨우다』

진정으로 중요한 것은
당신이 돈을 얼마나 모았는가 하는 것이 아니라,
다른 사람들에게 어떤 일을 했는가이다.

4부

최고의 리더가 최고를 키운다

철저한 공정성이
인재를 살린다

리더는 '올바른 일'을 하는 사람이다. 리더는 목표 달성을 위해 수단과 방법을 가리지 않는 사람이 아니라, 올바른 가치관에 따라 움직이는 사람이다.
_ 게리 맥킨토시, 새무얼 리마, 『리더십의 그림자』

금메달 따기보다 어려운 국가대표 선발전

양궁이 한국에 처음 들어왔을 당시 전 세계 양궁을 지배하던 국가는 미국과 러시아(당시에는 소련)였다. 미국은 남자, 러시아는 여자가 강세였다. 그러나 30년이 지나기도 전에, 한때 세계 정상이었던 그들 국가의 양궁은 2류, 3류로 전락했다. 국가 차원에서의 금전적인 투자가 상당했음에도 불구하고 정상의 자리를 내놓았다.

그들이 왜 정상의 자리를 내놓았을까? 원인을 분석해 보았더니 가장 큰 문제는 원칙에 충실하지 못하고 아주 기본적인 것들을 소홀히 하고 넘어가는 부분이 많다는 점이었다.

특히 올림픽에 나갈 국가대표 선수를 뽑을 때 일부 뛰어난 선수들에게만 의존했다는 점이 치명적이었다. 어느 한 선수가 국제대회에서 좋은 성적을 거두면 그 선수를 올림픽 국가대표 선수로도 선발해 주었다. 소수의 선수에게만 의존했다는 것은 곧 미래에 대한 준비를 철저히 하지 못했다는 소리다.

여기에서 교훈을 얻은 한국은 그들보다 과학적이고 철저하고 공정하게, 원칙에 입각해서 선수를 선발하는 방식을 강구했다.

보통 한국 양궁 선수들은 10개월 동안 대회를 7번 치른다. 경력이 화려한 고참 선수건 무명의 어린 선수건 모두 똑같은 조건하에서 7번의 대회에서 살아남은 선수만이 국가대표 선수로 선발될 수 있다. 올림픽이 있는 해에는 10회에 걸친 평가전을 거친다. 어머니가 10개월에 걸쳐 뱃속에서 아이를 기르고 산고를 겪듯이 양궁 선수들도 10개월 동안 10회의 평가전을 거치며 산고를 치른다. 4차전까지 끝나고 나면 남자 8명, 여자 8명이 남고, 그다음 5차전에서는 4명이 더 줄어들어 남녀 4명씩, 그다음 다시 3개의 국제대회를 치러 거기에서 나온 성적대로 남녀 1명씩을 더 탈락시켜 최종적으로 남자 3명, 여자 3명이 올림픽에 출전한다.

올림픽 국가대표 선발전 때에도 1년 동안 남녀 랭킹 1등에서부터 100등까지만 국가대표 선발전에 참여할 수 있는 자격을 주는

데, 그 100위 안에 들어가기가 하늘의 별 따기만큼 어렵다. 보통 한 달에 한두 번씩 대회가 열리는데, 긴장의 끈을 며칠만 놓아 버려도 그대로 랭킹이 100위 밖으로 밀려날 정도로 경쟁이 치열하다.

양궁은 올림픽 금메달 따기보다 국가대표 선발전에서 살아남기가 더 어렵다는 말이 거기서 나왔다. 한국 내에서 국내 랭킹 80위 정도 하면 세계 랭킹 5위 안에 들어갈 정도의 수준이다. 사실 랭킹 100위 안에 든 선수들 사이에는 실력 차이가 그리 크지 않다.

평가전 과정에서는 활만 잘 쏜다고 성적이 잘 나오는 것이 아니다. 10개월 동안 7차전을 치른다고 했을 때, 1차전은 활을 잘 쏘는 건 기본이지만 특히 체력이 좋은 선수가 무조건 좋은 성적이 나오게끔 평가전 방식을 만들었다. 그런 식으로 1차전은 체력, 2차전은 뛰어난 정신력, 3차전은 담력, 4차전은 집중력, 5차전은 승부근성, 6차전은 환경 변화에 대한 적응력, 7차전은 심리적 압박감을 이기는 데 중점을 두고 경기를 치른다.

환경 변화에 대한 적응력을 평가하는 6차전 같은 경우, 경기 방식뿐만 아니라 경기 환경까지 최대한 '악조건'으로 조성하기 위해 지도자들끼리 온갖 묘안을 다 짜낸다. 선수들이 최악의 환경에서 경기를 치르게 하기 위해서다.

예를 들어 기상청에 문의해서 여름 중 우리나라에 태풍이 올 예상 날짜를 뽑아 달라고 한다. 그러고는 태풍이 틀림없이 올 기간에 대회 날짜를 잡는다. 그렇게 날짜를 받아 놓으면 하루 정도는 반드시 비바람 부는 날이 걸린다. 70미터 앞의 타깃이 흐릿하게 잘 안 보일 정도로 비바람이 쏟아지고 순식간에 발목까지 물이 찰 정도로 하늘에 구멍이 뚫린 것 같은 날 양궁 경기를 치른다.

사나운 비바람 속에서 그냥 서 있기도 힘들고 비 때문에 타깃이 잘 보이지도 않는데 전방 70미터를 바라보고 활을 조준하기란 눈 감고 쏘는 것보다도 더 어렵다. 한 발 쏠 때 주어지는 시간이 30초인데, 비바람 때문에 멈칫거리다 보면 초시계가 13초, 12초, 11초, 마구 뚝뚝 떨어진다. 쏘긴 쏴야 하는데, 쏠까 말까 하는 갈등이 선수들을 미치게 만든다.

한 번은 선수 한 명이 순간적으로 바람이 약간 잠잠해진 것 같은 틈을 타서 쏴 버리려고 활시위를 당겼다. 그런데 쏘는 찰나에 갑자기 천둥번개가 '콰광' 하고 쳐서 사방을 뒤흔들었다. 그 소리에 깜짝 놀란 선수가 활을 놓쳐 0점이 나왔다. 그 선수는 선발전 내내 상위권에 들었을 뿐만 아니라 풍부한 대회 경험을 지닌 간판급 선수였다. 그런데 천둥소리로 놓친 그 한 발 때문에 국가대표에서 탈락하고 2008년 베이징 올림픽에 출전하지 못했다.

이럴 경우 다른 종목 같으면 천재지변에 의한 어쩔 수 없는 상황이었으므로 한 번 더 발사하게 해 준다든지 간판선수니까 그냥 선발시켜 주자든지 말이 나올 수 있겠지만 양궁에서는 어림도 없는 소리다. 아무리 스타 선수라도 철저히 원칙대로 한다. 모든 선수의 경기 조건은 똑같다.

반면 아무리 나이가 어리고 아무리 무명이어도 경기만 잘 치르면 얼마든지 국가대표 선수가 될 수 있다. 철저히 성적대로, 원칙대로 하기 때문이다. 그래서 무명이었던 중학교 3학년짜리 어린 선수가 실제로 2008년 베이징 올림픽 국가대표 3차 선발전에서 최연소 나이로 뽑혀 쟁쟁한 언니들 3명과 함께 랭킹 4위 안에 들기도 했다. 최종 3~4위전에서 탈락해 베이징 올림픽에는 못 나가게 되었지만 무서운 실력과 가능성을 보여 주었다.

시스템의 공정성은 인재에게 꿈을 부여한다

실력과 원칙대로만 하다 보니 양궁은 한국의 모든 스포츠 종목 중 가장 파벌이 없는 종목이 되었다. 스포츠계에서 말썽을 일으키는 것 중의 하나가 파벌 문제다. 국가대표를 선발함에 있어서도 파벌 때문에 문제가 생기는 경우가 허다하다. 그러나 양궁에서는 철저한 선수 관리, 그리고 선수 기용에 있어서의 공정성을 원칙으로 한다. 선수의 실력과 점수가 모든 원칙의 기본이고, 학연이나 지연 같은 외적 요소들은 절대적으로 배제한다.

미국과 러시아의 실패 사례는 우리에게 귀중한 교훈이 되었다. 상대방의 실패를 우리는 절대 반복하지 않는다는 각오하에 한국 양궁은 공정성에 목숨을 건다. 그래서 모든 양궁 선수는 나이와 상관없이, 경력이나 학벌과 상관없이, '나도 얼마든지 실력만 갖추면 된다.' 하는 꿈을 가질 수 있다. 시스템의 공정성은 모든 인재들에게 '열심히 해 보자.' 하는 동기를 부여한다.

이러한 실력과 원칙 위주의 선수 기용 시스템은 차세대 인재들로의 세대교체를 끊이지 않게 하는 원동력이기도 하다. 아무리 뛰어난 금메달리스트도 2연패를 하지 못했을 만큼 한국 양궁에서는 고정된 한두 명의 금메달리스트, 한두 명의 스타는 존재하지 않는다. 늘 정상을 놓치지 않되 매번 새로운 얼굴들이 등장한다. 스타가 한 명만 있는 것이 아니라 스타급의 비슷비슷한 실력을 가진 선수들이 여러 명이 있다.

그러다 보니 랭킹 1위를 차지하는 선수도 수시로 바뀐다. 1위와 1위가 아닌 선수들 사이의 실력 차이는 거의 없다고 보아도 될 정도다. 그러다 보니 뛰어난 선수들의 군단이 두텁게 포진하고 있다. 1위를 차지하기도 어렵지만, 또한 누구나 실력만 있으면 1위를 할 수 있는 시스템이다. 64등이 1등을 하루아침에 따라잡을 수 있는 유일한 종목이 양궁이다. 실력, 원칙, 그것은 오늘날 한국 양궁의 키워드다.

서거원의 Winning Secret 22

감정 관리 10계명

1. **'참자!'**
   감정 관리 최초의 단계에서 성패가 좌우된다. '욱' 하고 치밀어 오르는 화는 일단 참고 볼 일이다.

2. **'원래 그런 게!'**
   상사나 동료들이 속을 썩일 때는 직장생활이란 '원래 그런 게!' 라고 생각하라.

3. **'웃긴다!'**
   세상은 생각할수록 희극적 요소가 많다. 괴로울 때는 심각하게 생각할수록 고뇌의 수렁에 더욱 깊이 빠져들어 간다. '웃긴다!' 고 생각하며 문제를 단순화시켜 보라.

4. **'좋다, 까짓 것!'**
   어려움에 봉착했을 때는 '좋다. 까짓 것!' 이라고 통 크게 생각하라. 크게 마음먹으려 들면 바다보다 더 커질 수 있는 게 사람의 마음이다.

5. **'그럴 만한 사정이 있겠지.'**
   억지로라도 상대방의 입장이 돼 보라. '내가 저 사람이라도 저럴 수밖에 없을 것', '뭔가 그럴 만한 사정이 있어서 저럴 것' 이라고 생각하라.

탄탄한 기초가
최고를 만든다

지쳤다면 그것은 지루해졌다는 의미이다. 도전이 부족할 때와 감당할 수 있는 것
보다 더 적게 취하려 할 때 활력이 떨어진다.
_ 로버트 그린, 『전쟁의 기술』

'기초'는 기초 중의 기초다

양궁 선수들이 활을 쏘는 모습을 보면 굉장히 쉬워 보인다. 가만히 서서 활시위만 당겼다 놓으면 될 것 같다. 땀을 뻘뻘 흘리며 뛸 일도 없고 격렬하게 몸을 움직이지도 않는다. 그러나 실제로 활을 한 번 잡아보면 일반인들은 깜짝 놀랄 것이다. 활의 무게가 무겁기도 하지만, 당겼을 때 20센티미터 이상 당기기가 힘들 정도로 강도가 엄청나게 세기 때문이다. 체력적으로 조건이 좋은 유럽 선수들은 팔 힘 자체가 훨씬 세므로 그런 선수들에게 뒤지지 않기

위해서는 우리 선수들도 일부러 강한 활을 사용한다.

따라서 양궁을 하려면 다른 어떠한 종목에 못지않은 체력이 밑받침이 되어야 한다. 레슬링이나 유도, 역도 등 힘을 많이 쓰는 종목들이 많지만, 양궁이 실은 태릉선수촌에서 다섯 손가락 안에 들 정도로 체력 훈련을 많이 한다.

양궁 선수들의 일주일은 활쏘기 연습만으로 채워지는 게 아니다. 양궁 연습도 매일 하되 일주일의 반은 기본 체력을 다지는 훈련이다.

우선 기본 체력 훈련을 하는 월수금 중 월요일과 금요일은 웨이트 트레이닝, 즉 근력 운동을 한다. 16가지 종류를 1세트로 하여 3세트를 뛰는데, 그렇게 1시간 동안 웨이트 트레이닝을 하면 완전히 녹초가 될 정도다. 그다음엔 바로 수영장으로 간다. 양궁 선수들은 기본적으로 모두들 수영을 잘한다. 웨이트 트레이닝으로 근육이 부하가 된 상태에서 수영을 통해 유연성을 키울 수 있기 때문이다.

양궁 선수에게 있어서 '배에 王자가 새겨지는' 근육은 한마디로 '쥐약'이다. 굵은 근육이 아니라 잔 근육을 만들어 줘야 몸에 지구력이 생긴다. 큰 근육은 순간적인 힘은 대단하지만 지구력은 떨어진다. 웨이트 트레이닝으로 근육 훈련을 한 다음 바로 수영을 하면, 근육은 유연하게 풀리면서 힘은 더 좋아진다. 근력뿐만 아니라 유연성과 지구력을 키우는 방법이다.

월수금 중에서 수요일에는 운동장을 돈다. 2시간 반으로 시간을 정해 놓고 여자는 30바퀴, 남자는 50바퀴를 뛴다. 50바퀴를 2시간 반 안에 완주했으면 그다음 주에는 바퀴 수를 늘려 더 뛴다. 달리기가 끝나고 나면 역시 수영으로 마무리를 한다.

토요일에는 등산을 한다. 태릉선수촌에 있는 선수들은 근처에 있는 불암산으로, 현재 내가 감독으로 지도하는 계양구청 선수들도 가까이 있는 산으로 크로스컨트리를 간다. 등산하는 날에는 아예 등산복 차림으로 아침에 훈련장에 와서 다 같이 등산을 하고, 다시 훈련장으로 돌아와 씻은 다음 여느 날과 다름없이 하루 종일 양궁 연습을 한다. 그리고 저녁에 다시 등산복 입고 산을 타고 그날 일과를 마친다.

이것이 행군이나 군사훈련 같은 특별 훈련을 제외한 평상시의 일과다.

오늘 하루를 인생 최고의 승부처럼

처음에는 양궁 연습보다 체력 훈련 때문에 더 힘들어하는 선수들도 많다. 특히 요즘 젊은 세대는 정신력과 의지력이 많이 약한 편이다. 그런 선수들에게 나는 이렇게 말해 준다.

"여기서 이것도 해내지 못한다면 네가 설령 양궁을 포기하고 다른 업종, 다른 사회로 가서 어떠한 일을 하더라도 성공하지 못할 것이다. 20대 초반의 나이에 최소 10년 동안은 내 인생에 승부를 걸어 보겠다는 의지조차 없으면 선수로서 살아남기 힘들 것이다. 운동선수로서의 자기관리와 목표 달성을 위해서도 중요하지만, 너의 정신력은 앞으로의 네 삶에서 영원히 너의 자산이 되어 줄 것이다. 너의 의지를 시험해 보기 위해서라도 지금의 훈련을 이겨 내 봐라."

양궁 선수에게는 화살 한 발에 인생이 왔다 갔다 한다고 해도 과언이 아니다. 대회가 있건 없건 매 순간이 승부다. 지금 쏘는 이 화살 한 발에 나의 미래, 나의 모든 것, 나의 혼까지 실어 나른다는 마음으로 활시위를 당긴다. 지금 이 순간 힘든 것, 오늘 하루의 힘든 훈련을 어떻게 참고 견디느냐가 마지막 결정적 순간에 최고의 목표에 도달할 수 있느냐를 결정한다.

영광은 외부에서 오는 것이 아니라 자기 내부의 성취감에서 온다. 현재가 아무리 어렵더라도 끝까지 참고 견뎌 보자는 생각을 갖는 것이 중요하다. 그것은 자신의 기초를 다지고 내실을 튼튼하게 해 준다. 하루 정도는 훈련을 게을리 해도, 하루 정도는 나태해져도 괜찮을 거라고 생각하기 쉽다. 그러나 오늘 하루를 열심히

산 자와 그렇지 않은 자는 10년 지나고 20년 지났을 때 반드시 커다란 격차를 보인다. 멀리 갈 것도 없이 태릉선수촌에 오래 있다 보면 그런 차이가 너무도 분명히 보인다.

서거원의 Winning Secret 23

내 생애 최고의 순간

40킬로미터가 넘는 긴 마라톤 경기의 결승점을 통과한 선수에게 아직도 뛸 힘이 남아 있다면 경기에 최선을 다한 것이 아니다.
― 구본형, 『오늘 눈부신 하루를 위하여』

이미 경기는 끝났는데 체력이 남아 있다 한들 무엇에 쓸 것인가? 진정한 프로는 실전에 임할 때 더 이상 뛸 힘이 남아 있지 않을 때까지 최선을 다하는 사람이요, 매일 매일을 프로 근성과 정신력으로 사는 사람이다.

"어제가 오늘 같고 오늘이 내일 같다면 인생을 정말 잘못 살고 있는 것."이라는 말이 있다. 하루 24시간은 86,400초다. 원하든 원하지 않든 우리에게는 매일 86,400초의 기회가 주어진다. 이 무수한 기회들을 그냥 날려 버릴 것인지, 매 순간을 내 생애 최고의 기회를 가져다줄 시간으로 사용할 것인지는 자신이 결정한다.

미래의 나는 지금의 내가 만들어 가는 것이다.

인재에게
꿈과 동기를 부여하라

:
:

구체적이고 세부적이며 초점이 명확한 목표를 가져야 한다.
목표는 현실적이어야 하고 계속해서 동기부여를 해야 한다.
_ 서거원의 독서노트에서

기록 갱신을 요구하지 마라

　양궁 선수로서의 길은 생각보다 멀고도 험난하다. 그 어느 종목보다도 치열하게 훈련하고 올림픽 때마다 '효자 종목' 소리를 들으며 선전하지만, 일부 인기 종목들처럼 대중적으로 인기를 끄는 '스타'를 매스컴에서 띄워 주는 것도 아니고, 일부 스포츠 스타들처럼 어마어마한 연봉을 받으며 앞 다투어 모셔 가는 것도 아니다. 실업팀의 프로 선수들이 받는 연봉도 낮은 편이다.
　그럼에도 한국의 양궁 선수들은 그저 묵묵히 최고의 자리를 지키기 위해 오늘도 내색 않고 땀을 흘린다. 요란한 '스타' 대접을 못 받을지라도, 어제의 챔피언이 오늘은 무명의 막내 후배에게 아차 하는 순간 밀릴 수도 있음을 양궁 선수들은 잘 알고 있다.

그러나 그러다 보니 훈련을 힘들어하기도 하고 양궁을 중도에 포기하려는 선수들도 많다. 그럴 때마다 마음을 다잡게 해 주고 다시 일어설 수 있도록 동기부여를 해 주는 게 지도자가 해야 할 일이다.

스포츠 종목이 대개 그렇지만 양궁 선수들은 20대 초반에서 30대 중반까지 약 10여 년 이내에 인생 최고의 승부를 걸어야 한다. 한 선수에게 아주 많아야 2번 정도의 올림픽 기회가 주어진다. 그래서 선수들에게는 이번 대회만 잘하면 끝나는 게 아니라 이다음 대회, 이다음 다음 대회를 향해 계속해서 매진할 수 있는 동기가 끊임없이 부여되어야 한다. 시상식을 하는 순간, 머릿속에는 이미 다음 대회의 시상식 장면이 그려져야 한다.

사람에게 뭔가를 열심히 하고자 하는 의지를 불어넣는 가장 중요한 동기는 뚜렷한 목표의식이다. 자신이 있어야 할 장소에서, 자신이 있어야 할 시간에, 자신이 해야 할 일이 무엇인지 잊어버리지 않는 것, 그래서 그 자리에서 항상 자기 자신에게 '내가 지금 무엇을 하고 있는가?' '내가 내 할 일을 제대로 하고 있는가?' 하고 반문하는 '실행과 점검'의 습관이 몸에 배어 있어야 한다. 장기적인 목표도 목표지만 오늘 해야 할 일을 하는 것도 목표다.

동기를 부여할 수 있는 원동력은 선수마다 다르다. 사람마다 목표가 다르고 꿈이 다르듯이, 지도자는 선수 각자에게 맞는 그 선수만의 동기부여를 해 줄 수 있어야 한다. 금메달을 하나 딴 선수에게는 '다음엔 2관왕을 해 보자.'는 동기부여, 나이가 많은 고참 선수에게는 '이번이 네 인생의 마지막이니 전력을 다해 보자.'는 동기부여, 어리고 가능성이 많은 선수에게는 '넌 충분히 선배들을 제칠 수 있다.'는 동기부여를 해 주어야 한다.

동기부여란 꼭 올림픽에 출전하는 국가대표 선수들에게만 해당되는 것은 아니다. 프로 선수들 사이에도 개인 차가 있고, 똑같은 양궁 선수라 하더라도 올림픽에 출전하지 못하는 선수가 더 많다. 그러나 그런 선수들도 저마다 가치가 있고 나름의 제자리가 있는 귀한 인재들이다. 올바른 지도자라면, 자신의 선수가 국가대표 선수만큼 양궁을 잘하지 못한다 해도 그로 인해 좌절하게끔 하는 게 아니라 오히려 자신의 자리를 찾고 자신의 역할을 의식하게 도와줘야 한다.

심지어 선수가 중간에 양궁이 아닌 다른 길로 진로를 바꾸려고 할지라도 지도자라면 끝까지 그에 맞는 독려를 아끼지 않아야 한다. 나의 경우 그럴 때는 주로 이렇게 말해 준다.

"지금 네가 여기서 성실성과 집중력을 보이고 최선을 다한다면,

네가 앞으로 다른 분야에서 사회생활을 하더라도 큰 도움이 될 것이다. 그러니 최선을 다해 보자. 설령 양궁으로 성공하지 못하더라도 그간 쌓아온 너의 노력은 다른 데 가서도 발휘될 것이다. 너에게는 너에게 맞는 너만의 위치가 분명히 있다."

훌륭한 지도자는 자신이 지도한 선수들 한 명 한 명을 믿는다. 국가대표가 되어 금메달을 따 오는 선수에서부터, 최고의 성적은 아니지만 자기 몫에 최선을 다하는 선수까지, 모두가 소중한 제자들이요 '내 사람들'이다.

최고의 리더는 최고의 리더를 키워 낸다. 나의 선수와 후배를 최고의 지도자, 나아가 어느 자리에서든 가치 있는 인재로 만들어 내는 게 최고의 리더요 최고의 지도자다. 양궁 지도자는 활 쏘는 기술만 가르치는 사람이 아니다. 모든 선수가 각자의 의미에서 최고가 될 수 있도록 때로는 상담가, 때로는 멘토, 때로는 부모, 때로는 형이 될 수 있는 사람이다.

그러기 위해 끊임없이 동기를 부여하고, 위기의식을 느끼게 하고, 미래에 대해 철저히 준비할 수 있도록 앞에서 이끌고 뒤에서 밀어 주어야 한다.

붙잡아 둘 인재와 보내 줄 인재

크게 자랄 나무는 떡잎부터 알아본다는 말은 양궁에서도 마찬가지다. 반듯한 골격을 가지고 있고, 뭔가 열망하는 눈빛이 살아 있으며, 걸음걸이와 태도에서 하고자 하는 진지함이 보이는 선수는 아무리 나이가 어려도 대성할 가능성이 엿보인다. 그러나 첫눈에 어떤 선수의 가능성 여부를 단정 짓는 것보다는 많은 대화를 통해 그 사람 자체를 깊이 있게 파악하는 것이 중요하다.

인재를 알아보고 잘 키워 내는 것은 100퍼센트 리더의 책임이다. 지도자는 자기 휘하에 들어온 선수가 어떤 성격이며 무엇을 힘들어하고 아쉬워하는지 꼼꼼히 파악해야 한다. 처음에는 안 그런 것처럼 보였던 선수가 같이 생활을 하다 보니 럭비공처럼 어디로 튈지 모르는 돌발적인 성격을 가졌음을 알게 되었을 경우, 지도자는 그 선수를 면밀히 관찰하고 대화하여 럭비공이 어느 방향으로 튈 것인지까지도 예상할 수 있는 정도가 되어야 한다. 한 선수가 대성할 선수인지 아닌지 떡잎을 알아본다는 것은 첫인상의 감에 의한 것이 아니라 소통을 통한 교감의 과정에 의한 것이어야 한다. 그러므로 크든 작든 조직을 관리하는 리더라면 수시로 팀원들과 대화를 해야 한다.

선수 본인이 양궁을 통해 절실하게 이루고자 하는 열망이 어느 정도인지, 그 과정에서 겪는 갈등과 방황은 어느 정도인지는 지도자가 그 선수를 얼마나 관찰하고 대화해 보았는지에 따라 판가름이 난다. 나는 오랜 지도자 생활을 통해 '내가 된다고 점친 선수는 거의 틀림없이 성공한다.'라고 말할 수 있을 정도의 안목을 지니게 됐지만, 그 비결은 결국 소통과 대화 과정에서 나왔다. 만약 정말 가능성이 확실히 보이는 선수라면 그 선수와 그 선수의 부모를 쫓아다니면서라도 '이 아이의 인생을 제가 책임지겠다.'라고 설득했다. 그렇게 해서라도 인재를 붙들고 키웠다.

반면 이와 정반대의 경우도 많다. 나이 어린 선수들의 경우 양궁으로 대성할 만한 가능성이 별로 안 보이는 선수들도 지도자의 눈에는 확연히 보인다. 양궁을 하고자 하는 의지나 열정이 약해서 그런 선수들도 있지만, "저는 정말 하고 싶습니다." 하고 간절히 원하는데 감독이 보기에는 아니다 싶은 선수도 분명히 있다.

양궁은 선천적 재능과 후천적 노력들이 아주 밀접하게 조화를 이뤄야 성공할 수 있는 복잡한 성격의 운동이다. 골격이 곧게 뻗어 있는 체격 조건도 중요하지만, 어떤 생각과 심리를 갖고 있는지도 중요하다.

게다가 순발력과 머리 회전이 매우 비상해야 한다. 타깃을 잘 맞히기 위해서는 테크닉 훈련도 중요하지만 경기하는 그 순간의 바람의 세기와 방향을 감안해서 일부러 오조준을 했을 때 정중앙으로 활을 쏘아 넣을 수 있는 굉장한 순발력, 말로 설명할 수 없는 '감'과 센스 같은 것이 매우 중요하다.

이런 것들은 선천적인 요소와 후천적인 요소가 교묘하게 맞물려 있는 부분이다. 아무리 노력을 해도 이러한 '감'을 잡지 못하고 남들보다 한 타임 늦게 머리 회전이 되는 사람, 아무리 연습해도 오조준의 감을 잡지 못하는 사람은 양궁에서 선수로서 대성하기는 어렵다.

그런데 사람이라는 것, 인재라는 것은 무조건 내 밑에 붙잡아 놓는다고 다 성공하는 게 절대 아니다. 지도자가 보기에 소질이 없다거나 이 분야에서 가망이 없다고 판단되면 그를 과감하게 다른 일을 할 수 있도록 보내 주는 것도 지도자가 해야 할 일이다. 좋은 인재를 가리는 것도 리더의 역할이지만, 내 품이 아닌 다른 곳으로 보내 주어야 할 인재를 일찍 식별하는 것도 리더의 역할이다.

'안 되는' 선수의 경우도 방법은 마찬가지다. 충분한 대화가 해답이다. '너는 안 돼!'라고 말하는 것이 아니라 양궁계의, 있는 그대로의 현실을 설명해 줘야 한다. 양궁에서는 안 되더라도 다른 분야에서 대성할 수도 있기 때문이다. 그래서 선수로서 뛰어난 성적을 내지 못했을 때의 입지, 가면 갈수록 좁아지는 문 등등 현실적인 진로 상담을 해 줘야 한다. 축구를 하다가 양궁을 뒤늦게 시작한 내 이야기도 많이 들려준다.

"지금까지 네가 살아 온 과정은 인생이란 커다란 종이 위에 연필로 찍은 작은 점에 불과하다. 지금 그만둔다고 해도 네 인생이 멋진 그림이 되느냐 졸작이 되느냐 하는 건 아직 하나도 결정되지 않았다. 가능성이 단 1퍼센트라도 있다면 나도 권유했을 것이다. 그러나 시간이 흘러가면 네가 나를 원망할 것이다. 저 선생이 왜 나를 진작 안 말렸을까 하고 후회할 것이다. 내가 너에 대한 애정이 있기 때문에 보내려고 하는 것이다. 아직 늦지 않았으니 깊이 생각해 봐라. 정 그래도 계속해야 되겠다는 생각이 들면 그때 가서 다시 방법을 생각해 보자. 성적이나 메달에 신경 쓰지 않고 취미로 즐기는 기분으로 할 수 있을 것 같으면 말리지 않겠다. 하지만 나중에 네가 다른 길을 가고 싶어도 늦어 버리면 지금의 결정을 후회할지도 모른다. 이건 네 생계와 연관된 문제이기도 하다……"

이러한 상담 과정을 거치면 어린 선수의 경우 "중학교 졸업할 때까지 생각해 보겠습니다." 하는 선수도 있고, 고등학교 선수의 경우 "군대 갔다 와서 다시 생각해 보겠습니다." 하는 선수도 있다. 선수 본인이 어떠한 결정을 내리든 충분히 이야기를 나누고 자신의 인생에 대해 생각할 시간을 준다. 그러다 보면 진로 탐색의 방향이 자연스럽게 갈린다. 선수생활을 계속하는 것보다 지도자의 길이 적성에 맞는 선수는 그에 맞게 일찌감치 조치를 취해 주었다.

다른 길을 선택한 선수들의 경우에도 학업을 계속하거나 일반 직장이나 교직 등 다양한 길을 갔다. 어떠한 경우든, 심지어 양궁이 아닌 다른 길을 가게 한 제자들까지도 지도자로서 최선을 다해 이끌어 주고자 했다.

> ● 서거원의 Winning Secret 24 ●
>
> **나에게 맞는 방법**
>
> 새벽에 노래하는 새가 있고 밤에 눈뜨는 새가 있다. 아침에 일찍 일어나는 새만 생산력이 있는 것이 아니다. 그렇다면 저녁에 일어나는 습성을 지닌 새는 죽거나 숲에서 추방되어야 할 것이다. 새들의 습성이 저마다 다를진대, 숲을 관장하는 자가 아침에 일어나는 새에게만 벌레를 줄 순 없을 것이다. 그건 옳지도, 가능하지도 않다.
>
> "매는 조는 듯이 앉아 있고 호랑이는 조는 듯이 걷는다."
> _『채근담』

치열한 정보전에
대처하라

경영은 '사람, 물건, 돈, 정보'라는 4개의 경영 자원의 질을 높여 가는 작업이다.
_ 이시노 세이이치, 『소기업 사장학』

어제의 동료, 오늘의 맞수

2008년 현재 전 세계 28개국 양궁팀에서 한국 출신의 코칭 스태프들이 활약하고 있다. 인도 등 아시아 16개국, 영국 등 유럽의 5개국, 호주와 콜롬비아 등 미주 지역 6개국의 양궁 국가대표팀 지도자들이 한국 출신이다.

외국으로 국제대회를 나갔을 때 외국 팀의 지도자로 활동하는 후배들을 만나면 말할 수 없이 기분이 뿌듯해진다. 경기장 밖에서는 다들 내 후배들이고 제자들이며, 대한민국 양궁의 위상을 증명

하는 한국의 양궁인들이기 때문이다. 국제대회에 나갔을 때는 그래서 외국 팀의 한국 지도자들을 모두 불러 모아 친목을 도모하는 자리를 가지곤 한다. 선배이자 스승으로서 슬쩍 농담처럼 으름장을 놓기도 한다.

"열심히 하는 것은 좋지만 한국 선수들 너무 미워하지는 말아라. 우리가 너희의 근원 아니냐. 한국이 무너지면 너희의 존재 가치도 없는 거 아니냐. 그러니까 적당하게 해라, 응?"

그러면 후배 감독들은 말이라도 "저희가 적당히 하겠습니다."라고 농담으로 맞받아친다. 서로 농담은 그렇게들 하지만 마냥 농담일 수만은 없는 미묘함이 오갈 수밖에 없다. 일단 경기장 안으로 발을 디디는 순간에는 선후배, 스승과 제자, 그런 것은 사라지고 그야말로 '피 튀기는' 승부 세계만이 존재한다.

물론 이것은 한국 양궁을 위해서도 좋은 일이다. 해외에 진출해 외국 선수들을 가르치는 지도자들이 많다 보니 한국 양궁이 끊임없이 위기의식을 갖지 않을 수 없고, 위기의식을 갖다 보니 끊임없이 대비를 하며 훈련 방법을 개발하고 변화를 추구하게 되기 때문이다.

그들은 아끼는 후배들이자 냉철한 경쟁자들이지만, 우리로 하여금 끊임없이 위기의식을 느끼게 하여 미래에 대비하도록 하는 자극제가 되어 주기도 한다. 선의의 경쟁 상대들이다. 후배나 제자가 지도하는 외국 팀에게 밀리면 어쩌나 하는 불안감 때문에라도 더 열심히 더 많이 생각하고 더 치밀하게 준비하자는 결의를 다지게 된다.

한국 양궁 지도자들의 세계 진출은 동전의 양면이다. 한국 양궁의 세계화라는 측면에서는 고무적인 일이지만, 뛰어난 활약을 펼쳤던 한국 선수들이 각국의 지도자로 진출해 한국에서 했던 비슷한 방식으로 선수들을 지도하다 보니 그만큼 그 나라 양궁팀의 실력도 향상된다. 최근 나라 간의 실력 차가 점점 줄어들고 훈련 방식이 비슷해지니 경기에서도 치열한 접전이 벌어질 수밖에 없다.

보이지 않는 추격전과 정보전

다른 나라 팀들이 한국 양궁의 훈련 방식을 금세 벤치마킹할 수 있는 데는 이런 배경이 깔려 있다. 각국 지도자들이 과거 한국에서 선후배였던 사이들이고 보니, 아무리 정보를 차단한다고 해도 사적인 안부 전화라든지 이메일로 연락을 주고받는 과정에서 정보가 유출되기 쉽다. 사실은 이것이 가장 큰 고민이고, 한국 양궁계 전체에 대한 굉장한 위협이자 부담 요소다.

설마 이런 생각은 아무도 못할 것이라고 여겼던 훈련 방법이라도 몇 개월만 지나면 이미 외국 팀에서 거기에 더 좋은 방법을 보강해서 훈련을 하고 있는 경우가 허다하다. 한국 양궁 선수들이 여러 가지 새롭고 획기적인 훈련들을 끊임없이 할 수밖에 없게 된 데에는 이러한 사정으로 인한 위기의식이 깔려 있다.

우리가 소음과 방해 작전에 대비해 야구장과 경륜장, 경정장에서 시합을 하자, 영국 국가대표팀에서 금세 이것을 따라해서 크로켓 경기장에서 훈련을 한 예가 있다. 크로켓 경기장은 훨씬 협소하고 관중석도 바싹 붙어 있어서 선수가 느끼는 부담감이 더 크므로 우리보다 한 술 더 뜬 것이다. 물론 번지점프 같은 훈련은 진작부터 외국에서도 따라했다.

이처럼 양궁 세계에서는 물밑 정보전과 심리전도 치열하다. 만약의 경우를 위해 정보를 통제하기도 한다. 예를 들어 아시아 쪽의 한 외국 팀 감독이, 올림픽을 치르기 전에 전지훈련을 하고 가겠다며 우리와 전지훈련장을 같이 사용할 수 있겠느냐는 문의를 해 온 적이 있다. 그래서 하는 수 없이 "합동훈련을 자제해 달라."는 공문을 보냈다. 다른 팀 선수들이 같은 장소에서 훈련하면 어느 선수가 어느 정도의 기량을 가지고 있는지에 대한 정보가 금방 새 나가기 때문이다.

감독들끼리 서로 역정보를 흘리기도 한다. 한 번은 한 외국 팀 감독이 와서는 자기 팀의 A라는 선수를 가리키며 슬쩍 몇 마디를 던졌다. 기량이 굉장히 좋아졌다며 "쟤랑 붙으면 끝장"이라는 둥 과장된 칭찬을 하고 갔다.

A선수가 무서운 상대라는 정보를 들은 우리 선수는 시합에서 A선수와 만나면 저절로 긴장하고 만다. "붙으면 끝장"이라는 말 한마디에 미리부터 부담을 가지게 된다. 그런데 사실 알고 보니 A선수의 기량은 예전과 다름없이 시원치가 않고 나아지지도 않았다. 잘못된 정보를 흘림으로써 선수들의 심리를 역이용한 것인데, 그럴 때는 배신감마저 느낀다.

'이런 치사한 인간 같으니라고! 실력대로 할 것이지!'

그 일이 있고부터는 국제경기나 외국 전지훈련을 나갔을 때 다른 외국 팀과의 접촉을 최대한 금지시킨다. 외국 팀의 한국 지도자에게도 아는 척하지 말고 인사도 하지 말라고 선수들에게 주의를 준다. 선수들에게는 예전에 잘 알고 지냈던 선배들이므로 다소 비인간적이고 지나치다 싶은 면도 있지만 이것도 전략이므로 어쩔 수 없는 일이다.

그래서 현지에서 경기가 끝나고 나면 한국 출신 외국 팀 지도자들을 일부러 불러 모아 회포를 푸는 자리를 또 한 차례 마련한다.

"미안하다, 너희가 이해해 줘라. 우리 전략이니까."

그렇게 함으로써 그동안 쌓였던 감정이나 앙금을 풀고 경기 일정을 마친다. 물론 그런 후에도 그들과 우리의 치열한 경쟁과 정보전은 계속된다.

● 서거원의 Winning Secret 25 ●

어리석은 독수리의 최후

미국 나이아가라 폭포로 향하는 강의 지류에 어느 날 커다란 얼음덩어리가 떠내려가고 있었는데, 그 얼음덩어리 위에는 양 한 마리가 얼어붙어 있었다. 그때 하늘에서 커다란 독수리 한마리가 쏜살같이 내려와 발톱을 양털 깊숙이 박고 고기를 뜯어먹기 시작했다. 독수리는 폭포가 점점 가까워 오고 있다는 사실을 그만 잊어버렸다. 갈수록 폭포소리가 우렁차게 들리자 독수리는 옆을 한번 쳐다봤지만 대수롭지 않게 생각했다. 강한 날개를 한번 펴서 창공을 날면 된다고 생각했던 것이다.

마침내 얼음은 폭포에 다다랐고 독수리는 날개를 펴고 날아오르려고 했다. 그런데 날개만 푸드득거릴 뿐 날아오르지 못했다. 양털 깊이 박힌 발톱이 이미 얼음에 얼어붙은 것이다. 결국 독수리는 양의 사체와 함께 폭포에 떨어져 죽고 말았다.

— 김의환, 총신대 총장

지나치게 쓰면 안 되는 세 가지가 있다.
빵에 넣는 이스트, 소금, 망설임이 그것이다.
_ 탈무드

차세대 인재 양성에
매진하라

•
•

세계의 정상이라는 자부심이 자만심으로 변하는 순간 끝없는 추락이 시작된다.
_ 서거원의 독서노트에서

양궁 인구 확산을 향한 꿈

　국내에 양궁 선수로 등록되어 있는 선수는 초등학생부터 성인을 모두 합해 약 1,500명이다. 가까운 나라 일본은 어떨까? 일본은 오사카협회에 등록된 선수만 약 900명이다. 일본의 양궁 선수는 우리나라의 약 10배, 미국은 100배 정도 된다. 인구 수를 감안하더라도 한국 양궁 선수는 외국에 비해 매우 적은 편이다.
　아직까지 우리나라에서는 일반인들이 여가나 취미로 양궁을 접하기가 쉽지 않다. 양궁 경기를 구경할 수 있는 기회도 거의 없고,

양궁장도 가까이 있지 않다. 축구처럼 동네 운동장에 공 하나만 있으면 되는 게 아니라, 특수한 장비와 특정한 장소가 필요하다. 장비와 공간 문제로 인해 일반인이 접촉할 기회가 적다 보니 올림픽 때마다 세계를 휩쓰는데도 소위 말하는 '인기' 종목이 되기에는 한계가 있다.

반면 유럽의 여러 국가와 미국에서는 오래전부터 사회체육으로 정착되었다. 취미로 골프를 치는 것처럼 취미로 양궁을 하는 사람들이 많고 아처리archery 클럽이라고 해서 클럽 활동도 활성화되어 있다. 클럽에서 취미로 시작했다가 양궁이 적성에 맞아서 프로 선수가 되는 사람도 많다. 그런 프로 선수들은 소속팀 자체가 없이 개인으로 출전하기도 하고, 본업을 가지고 있으면서 남는 시간에 양궁 연습을 한다.

반면 우리나라의 양궁은 사회체육이 아니라 엘리트체육이다. 선수층은 두텁지만 취미층은 약하다. 재미있게 즐기다가 선수도 되고 올림픽도 나가고 하는 게 아니라, 초등학교 때부터 선수를 선발해 가능성 있는 선수들을 철저한 시스템에 의해 훈련시킨다. 보통 초등학교 4학년 때부터 선수 생활을 시작하여 성인이 되기까지 한 10년 동안 실력에 따라 위로 올라간다. 다른 진로를 선택할 아이들은 일찌감치 양궁을 접고, 반면 계속 살아남은 이들은 웬만큼 근성과 열정을 검증받은 선수들이다. 철저히 엘리트적인 시스템이라 외국 선수들에 비해 경력 자체가 훨씬 길다.

엘리트체육이 사회체육이 되고, 사회체육으로 정착된 상태에서 올림픽 선수들도 배출할 정도가 되기까지는 많은 시간이 흘러야 한다. 또한 그렇게 되기 위해서는 양궁이라는 스포츠의 특성상 국민소득이 4~5만 달러 정도는 되어야 그런 환경이 조성된다. 이처럼 양궁이 사회체육 종목인 유럽 국가들과 우리나라는 여건과 환경이 매우 다르다. 그러니 오히려 현재 한국의 현실로 볼 때는 양궁이 아직은 엘리트체육인 것이 국가 경쟁력이 더 있다.

양궁의 매력에 빠져든 사람들

하지만 우리나라의 양궁 취미 인구도 최근 들어서는 많이 늘고 있는 추세다. 인천의 양궁교실에서 청소년반 40명, 주부반 40명에게 무료 강습을 했는데, 참으로 다양한 사람들이 순수하게 양궁의 매력에 빠져드는 것을 볼 수 있었다. 멋모르고 재미로 양궁을 배우러 온 초등학생이 양궁이 좋아져 선수가 되고, 그러다가 소년체전 3관왕이라는 뛰어난 성적을 거둔 경우도 있다. 젊은 부부가 우연히 양궁의 매력에 빠져들어 함께 활을 쏘러 와서 열심히 연습을 하기도 하고, 아들이 하다 보니 재미가 있어서 엄마를 모시고 오기도 하고, 모녀가 같이 와서 활을 쏘기도 한다. 주부들이 직접 활을 장만해서 배우러도 왔다.

이렇게 취미로 양궁을 즐기는 사람들이 인천에 70여 명, 부산에 100여 명을 비롯해 각 시도 전체에 걸쳐 1,000여 명 이상 된다. 이들은 말하자면 한국의 양궁 마니아들이다. 취미가 골프였던 한 대학교수는 양궁을 한 번 접해 보더니 "골프와는 비교도 안 되게 짜릿한 스포츠"라며 양궁에 푹 빠져들기도 했다. 이러한 마니아들을 위한 대회도 1년에 3번가량 열린다. 금토일 주말에는 직장인들도 대거 출전한다.

인천에서는 계양구청 선수들이 연습하는 양궁장을 일반인들에게도 개방해서 언제든 이용할 수 있도록 해 준다. 당장 선수들 입장에서 보자면 선수가 아닌 사람들이 들락거리는 것이 귀찮을 수 있지만, 장기적으로 볼 때는 양궁 인구의 저변 확대를 위해 이런 일반인들을 적극적으로 도와주고 공간을 지원해 주어야 한다는 생각에 모두들 불평을 하지 않는다. 더구나 취미로 활을 쏘는 사람들이 연습을 하러 오면 선수들에게도 "선수가 아닌 사람들이 저렇게 연습하는데 우리도 열심히 하자." 하는 긍정적인 자극제가 된다.

양궁 인구의 저변 확대는 프로 선수들의 향후 진로를 위해서도 좋은 일이다. 일반인들이 코치에게 테니스나 배드민턴을 배우는 것처럼, 취미로 양궁을 하는 사람들이 많아지면 이들을 가르칠 지도자들에 대한 수요도 높아질 것이기 때문이다.

한국 양궁은 아직 발전해 가는 과정에 있다. 선수들의 수준은 세계 최정상이지만, 일반인에게는 아직 베일에 싸인 스포츠다. 우리나라의 양궁도 언젠가 사회체육이 될 수 있을 것이고, 더 많은 사람이 즐길 수 있는 미래의 스포츠가 될 수 있을 것이다. 누구나 취미로, 친숙하게 활을 쏠 수 있는 그런 날이 오기까지는 최소한 15~20년 정도, 혹은 그 이상이 걸릴지도 모른다. 그러나 한국 양궁 저변화의 미래는 분명히 밝다.

서거원의 Winning Secret 26

이심전심의 원리

지도자가 선수에게, 리더가 팔로워에게, 상사가 부하에게 매일 강력하게 요구해야 할 것은 기록과 성과가 아니라 '성실성'이다. 미국의 경영학자 로버트 켈리는 "20%의 리더가 아닌 80%의 팔로워가 조직의 운명을 결정하는 변화의 시대다."라고 말했다. 성공적인 리더십은 훌륭한 팔로워십이 뒷받침되지 않고서는 성공하지 못한다.

– 메리 캐시 에이, 『열정은 기적을 낳는다』

아랫사람은 허드렛일을 하는 사람이 아니다.
아랫사람이 자신의 성공을 기원하게 만들어라.

| 에필로그 |

활을 내려놓는 순간, 목표는 다음 경기다

2008년 베이징 올림픽을 준비하는 심정은 이제까지의 여느 올림픽 때와 조금 달랐다. 선수들을 직접 지도하던 국가대표 감독에서 한발 물러나 전체적인 총감독으로서 대회 준비를 총괄하고 경영해야 했던 특수한 위치 때문이었다. 한편으로는 국가대표 감독일 때보다 더 많은 것들이 시야에 들어왔고, 더 먼 미래까지 바라보아야 했다.

"최종 목표는 곧 중간 목표다! 시상식에서 메달을 목에 걸고 돌아서는 순간 지금의 대회는 이미 과거지사다. 이번 올림픽의 활을 내려놓는 순간 다음 대회를 향해 다시 활을 들지 않으면 안 된다."

돌이켜보면 이 말은 지도자로서 늘 선수들에게 강조했던 이야기 중 하나였다.

땀을 흘리고 숨을 몰아쉬며 산의 정상에 오른 순간 하산이라는 새로운 목표가 곧바로 생긴다. '이것을 위해 내 모든 것을 건다.'라고 여기던 하나의 목표는 승부를 겨루는 순간 지나간 목표가 된다. 마지막 지점이라고 생각했던 곳은 언제나 중간 지점이었다. 메달을 딴 선수도 따지 못한 선수도, 그 순간 다음 목표를 향해 발걸음을 내디딜 수 있도록 동기를 부여하는 일이 양궁 선수들을 지도함에 있어서 얼마나 중요했던가.

목전에 닥친 올림픽을 넘어서서 2009년 울산에서 개최하게 될 세계양궁선수권대회, 그리고 나아가 2012년 런던에서 열릴 다음 올림픽까지, 새로이 겨냥해야 할 목표들은 늘 끊이지 않는다.

메달을 몇 개 땄느냐 하는 것은 어쩌면 부수적인 문제일지도 모른다. 한국 양궁은 늘 위기에 놓여 있다. '정상의 위치'는 '위기의식'과 동의어이기 때문이다.

내게는 앞날을 향한 새로운 꿈이 무궁무진하다. 외국으로 진출하는 지도자뿐만 아니라 국내에서 평범한 양궁 애호가들을 위해 활동할 수 있는 지도자가 많아지길 바라고, 한국 양궁이 세계무대에서 더욱더 인정받았으면 한다. 그리고 지금보다 훨씬 많은 사람들이 양궁의 오묘한 매력을 알게 되었으면 좋겠다. 당장은 아니지만 언젠가는 현실이 될 것이라 확신하는 양궁인으로서의 바람들이다.

지금까지의 한국 양궁의 역사보다 지금부터 앞으로의 양궁 역사가 더 중요할 것임을 믿어 의심치 않는다. 양궁과 함께해 온 이제까지의 세월보다 앞으로 더 바쁜 나날을 보내게 될 것이다.

이른 새벽, 일어나자마자 집 근처에 있는 계양산에 올라 떠오르는 아침 해를 바라보는 순간이 나는 하루 중 가장 즐겁다. 맑은 산 공기를 들이쉬며 땀을 닦노라면 활과 선수들과 함께한 지난날이 주마등처럼 지나간다. 그럴 때마다 제일 힘들었던 순간, 고통스러웠던 시간들이 오히려 산 정상에서의 미소를 만들어 주었음을 깨닫는다. 좌절과 고통은 사람을 죽이는 것이 아니라 더욱 강하게 단련시켜 줄 뿐이라는 진리를 의심하지 않는다.

선수들을 직접 이끄는 일선에서 물러나 어느덧 '아름다운 퇴장'을 꿈꿀 시기가 다가왔지만, 새로운 목표를 향해서 도전하고자 하는 열망은 맨 처음 활을 쏘던 30년 전과 다름이 없음을 느낀다.

만약 지금 좌절의 시간을 겪고 있다면, 지금이야말로 인생 최고의 전성기이다. 만약 다시 못 일어날 것처럼 지쳐 있다면 그것은 지친 것이 아니라 그저 마음속의 작은 부분이 잠시 치유의 시간을 원하는 것뿐이다. 만약 낙망하고 있더라도 그것은 희망이 사라진 것이 아니라 지나가는 구름에 가려진 것처럼 보일 뿐이다. 최고의 승부사는 최악의 악재 앞에서 오히려 회심의 미소를 짓는 자다.

다시 활을 들 수 있는 내일의 기회가 끊임없이 어깨를 두드린다. 70미터 앞의 타깃, 그보다 더 앞에서 나를 기다리는 인생의 타깃을 향해 오늘도 마음의 활시위를 힘껏 당긴다.